Vad är strategi?

Strategi handlar om att forma framtiden - det handlar om hur människor uppnår önskvärda mål med tillgängliga medel. Det är därför vi är intresserade. Och det är den bästa definitionen jag kan ge dig. Men som strateg kan det också vara till hjälp att förstå några av de olika argumenten om vad strategi är och inte är. Man behöver inte känna till hela historien. Du behöver inte ta en doktorsexamen eller en MBA. Men det är bra att vara informerad.

Frekvens: Läs först, granska ibland.

Viktiga deltagare: Först och främst du. Sedan alla.

Google beslutade att ge sina ingenjörer tillåtelse att experimentera på fritiden. De använde den fria tiden till att ta fram en videotjänst på nätet. Detta experiment lärde cheferna vikten av onlinevideo så de köpte YouTube som en prioritet när den blev populär. Som ett resultat av detta har de fortfarande två av de mest populära söktjänsterna i världen. Inte riktigt en plan, men ändå handlar allt om möjligheter. Var det här en kreativ strategi som fungerade?

Mål

Det finns vissa fördelar med att förstå strategins historia, så som den vanligen berättas på handelshögskolor och i läroböcker. Det hjälper dig att diskutera strategi på ett kunnigt sätt och att se dess begränsningar samt dess syfte.

Forntida strategi. Ordet strategi har sitt ursprung i det grekiska ordet strategos, som betyder general eller någon som har en armé (stratos) att leda. Det användes för första gången i Aten (508 f.Kr.) för att beskriva den ledarskapskonst som användes av de tio generalerna i krigsrådet. De utvecklade principer för effektivt ledarskap och för att uppnå mål. Detta innefattade strategier för krig och motivering av soldater.

Liknande begrepp om strategi uppstod i Asien, mest känt i Sun Tzu's

Art of War (skriven 200 f.Kr.), som fortfarande köps av människor i dag. I sin bok listar Sun Tzu olika principer som ledare kan följa för att vinna och uppnå sina mål. Den satte ett mönster för böcker om strategi som fortfarande följs. Erfarna chefer och konsulter delar med sig av sina erfarenheter av att planera för framgång.

Företagsstrategier började uppmärksammas på 1950-talet. Det var först efter andra världskriget som strategiböcker för företagsledare kom ut.

Alfred Chandler var en historiker som på 1960-talet undersökte förhållandet mellan strategi och organisationsstruktur. Han drog slutsatsen att den strategi som företaget väljer kommer att leda till förändringar i företagets struktur. Hans arbete visar också att strategi inte var något nytt koncept inom näringslivet eftersom det byggde på vad företagen redan gjorde.

Igor Ansoff var en manager och matematiker som ofta beskrivs som den strategiska ledningens fader. Hans bok Corporate Strategy publicerades 1965 och var ett omfattande försök att förklara hur chefer kunde planera för en mer framgångsrik framtid.

Ansoff var den mest framstående författaren till en strategi som var besatt av detaljerad planering. Det passade perfekt till en ledarstil som handlade om kontroll. Det ledde till en uppfattning att vd:ar kunde arbeta med strategiska planeringsgrupper för att analysera det förflutna för att förutse framtiden. Tidiga datorer användes för att hjälpa till med att bearbeta siffrorna och skriva ut de planer som användes för att ge order till verkliga människor på mellanstadiet och i frontlinjen.

Henry Mintzberg är en kanadensisk professor och en motsträvare som hånade planeringsfixeringen. Han hävdade att endast vissa strategiska planer någonsin blev verklighet på det sätt som var tänkt. Den stora bilden - eller strategin - avgjordes av en ström av enskilda åtgärder. Han menade att de flesta strategier uppstår genom anpassning. Argumentationen mellan planerings- och inlärningsstrategier fortsätter i dag (se sidan 228).

Michael Porter (även han professor) fortsatte den matematiska strategin. För honom handlade strategi om detaljerad analys med tydliga modeller. Dessa modeller var utformade för att avgöra vilken position företaget skulle inta i förhållande till andra konkurrenter på marknaden (se sidorna 184-7).

Sammanhang

På vissa sätt är strategins intellektuella historia mer komplex än min korta introduktion. Men på andra sätt är den enklare. Vissa argumenterar för den mer kreativa, mänskliga sidan, medan andra argumenterar för den mer analytiska sidan av strategin. Båda är viktiga, så en strateg frågar sig vilken balans mellan dessa synsätt som är mest användbar i en viss situation.

- Vad gör du just nu?
-
- Hur förhåller sig detta till dina konkurrenter? Vad vill du uppnå?
- Hur kan du skapa något som folk vill ha?

De två första frågorna är analytiska, de handlar om positionering och benchmarking. De andra frågorna är kreativa och handlar om önskemål och bidrag. De hänger ihop, men balansen mellan dem varierar. Balansen beror på dina personliga preferenser och omständigheter.

Utmaning

Om din marknad är stabil och du är nöjd med din situation kan du välja att fortsätta planera och anpassa dig på ett förutsägbart sätt. Men om din marknad är dynamisk och du vill att din situation ska förändras kan du välja att använda mer kreativitet för att förbättra det du erbjuder och åstadkommer.

Den här boken innehåller verktyg för både analytisk och kreativ strategi. Den innehåller också min åsikt att kreativ, dynamisk strategi är den mer användbara metoden. De analytiska verktygen kan användas kreativt för att bidra med något värdefullt och - om man vill - svårt att kopiera.

Framgång

Du vet att du förstår principen när du ser skillnaden mellan kreativa och analytiska strategier. Du kommer också att kunna kombinera verktygen och principerna i hela den här boken för att tänka som en strateg om helheten och vad du vill bidra med.

Du kan studera allt från idéer om hur man leder ett strategimöte till varför det är viktigare att reagera än att planera, till specifika strategier som du kan välja att använda eller anpassa. Det övergripande målet är att förbättra din förmåga att göra något meningsfullt. Något bättre än att bara upprätthålla en konkurrensfördel.

Strategernas mått på framgång

- De grundläggande orsakerna till den moderna företagsstrategin är kända.
- Skillnaden mellan kreativ och analytisk strategi är känd.
- Kreativa och analytiska verktyg och principer används tillsammans.

Stabila och dynamiska marknader behandlas olika.

Du vet att det finns mer i en strategi än att slå eller kopiera dina konkurrenter.

Fallgropar

Det är farligt att övertro på ett visst strategiskt tillvägagångssätt. Du missar helheten om du tror att du kan bortse från analys, kreativitet eller den handling som gör att kreativitet och analys blir verklighet. Din organisation kanske har en traditionell strategi. Du måste noga undersöka hur väl detta tillvägagångssätt fungerar och vilka förbättringar som kan göras.

Checklista för strateger

- Tänk på skillnaderna mellan analytisk och kreativ strategi. Fundera över om ditt företag har en mer analytisk eller mer kreativ strategi.
- Undersök om det traditionella tillvägagångssättet är lämpligt för den miljö du står inför.
- Återkom till den grundläggande distinktionen när du går igenom boken så att du inte glömmer att alla verktyg kan användas på båda sätten.
- Introducera både analytiska och kreativa tillvägagångssätt i ditt team. Diskutera hur de har använts tidigare och hur ni skulle kunna ändra balansen i framtiden.

Relaterade idéer

Richard Whittington hävdar att "strategi är svårt". Om strategi var lätt skulle alla företag lyckas, men det gör de inte. Det viktiga är att lära sig att tänka bättre och annorlunda. Han presenterar fyra strategiskolor: "Klassisk", som försöker maximera vinsten med avsiktliga processer;

"Evolutionär", som strävar efter att maximera vinsten med framväxande processer, "Systematisk", som strävar efter flera mål med avsiktliga processer, och "Processuell", som har flera mål med framväxande processer.

Oavsett vilket tillvägagångssätt man väljer menar John McGee, professor vid Warwick Business School, att strategiska beslut ofta har vissa egenskaper. Sådana beslut är riskfyllda eftersom man satsar på en osäker och komplex framtid med förberedelser som också är osäkra och komplexa. Vissa strategiska förberedelser kräver mycket tid, ansträngning och till och med smärta innan man får några långsiktiga fördelar. Men smarta strateger vet, som vi kommer att förklara i nästa del, att eftersom händelserna kan visa att man har fel kan det vara lika viktigt att reagera som att planera.

Strategins verkliga hjärta är strategen.

Att bli strateg handlar om att bli bättre på att forma händelser.

Första delen

Ditt strategiska jag

Strategi handlar om att forma framtiden. Och det är anledningen till den här boken - att hjälpa dig att använda strategi för att komma fram till vad du ska göra nu för att få det du verkligen vill ha senare. Den här boken kan hjälpa dig att få strategin att fungera oftare.

Det finns strategiverktyg och processer som kan hjälpa till, men strategins verkliga hjärta är strategen. Det är vad du vet, hur du tänker och hur du får människor att bry sig tillräckligt mycket om vad du gör för att uppnå dina mål.

Det handlar också om att sätta igång ett händelseförlopp som kommer att forma framtiden på ett sätt som du vill. Ju mer du förstår de människor som får händelserna att hända och kopplingarna mellan vad de gör och händelserna, desto smartare blir du.

Du har redan använt dig av strategier för att få mycket av det du har. Du har fått ett jobb. Eller så har du utbildat dig för att få ett jobb. Du kanske har sparat pengar till en semester eller ett hus. Kanske har du haft en romans med din partner, fru eller make.

Du gjorde något i det förflutna för att försöka få något bättre i framtiden.

Att bli en strategisk tänkare - en strateg - handlar om att bli bättre på att forma händelser. I affärsvärlden måste du förstå hur strategi vanligtvis genomförs. Du måste veta hur du skapar en strategi som övertygar andra att stödja dig (inklusive din chef eller aktieägare). Och du måste veta hur du ska få strategin att ge resultat i verkligheten. Strategi som fungerar.

Det finns ingen garanti för att framtiden kommer att bli som du vill. Att bara skriva en plan betyder inte att planen kommer att bli verklighet. Världen är mer komplex än vår förmåga att planera, men det är en del av vad en effektiv strateg lär sig att acceptera. Man lär sig att det är lika viktigt att reagera och reagera på händelser som att planera.

Vissa handelshögskolor och konsultföretag har sålt ett löfte om att strategi kan lösa allt. I deras händer har strategi blivit en kult som tror på den magiska kraften hos några få modeller. De har tagit bort strateginsk konst och lämnat en del icke-MBA:s som undrar om det finns något utrymme för entreprenörsinstinkt.

Andra har blivit cyniska när det gäller strategier. De hör ordet och blir inte engagerade. De förväntar sig att det ska komma dåliga eller tråkiga saker från en strategisk planeringsprocess. De förutspår nedskärningar eller meningslösa förändringar. Eller så förväntar de sig bara meningslöst prat som inte betyder något i den verkliga världen. Och det finns en viss sanning i detta synsätt.

Ändå har vi försökt forma vår framtid så länge vi har varit människor. Det ligger i vår natur att tolka våra erfarenheter för att hitta genvägar till en bättre framtid. Detta är vad strategi handlar om och hur den kan vara av värde i den verkliga världen.

För att bli en effektiv strateg måste du börja med dig själv. Börja med att förstå hur en sak leder till en annan. Utbilda dig i grunderna för strategiverktyg och -modeller. Var mer uppmärksam på var du befinner dig, vad som händer runt omkring dig och hur trender skapar möjligheter för att komma dit du vill komma.

Att forma framtiden

Strategi handlar om att forma framtiden. Företagsstrategi handlar om att forma en organisations framtid. Du använder strategin för att komma fram till hur du ska uppnå ditt syfte och dina ambitioner. Du rör dig mellan vart du vill komma (mål) och vad du behöver göra för att nå dit (medel). En bra strategi är den snabbaste vägen från tillgängliga medel till önskvärda mål för att forma din framtid.

Frekvens: Varje problem, varje möjlighet!

Viktiga deltagare: Hela organisationen.

Cheesecake Factory har vuxit till ett miljardföretag. Dess framgångsrecept bygger på ett litet antal strategiska ingredienser. Grundaren skapade ett "unikt koncept med den bredaste och djupaste menyn inom casual dining" och den bästa cheesecake han kunde göra. De spenderar 2 000 dollar per anställd enbart på utbildning för att se till att personalen levererar den bästa kundupplevelsen.

De öppnar nya restauranger när de hittar nya fantastiska platser, inte bara för att de har pengar att spendera eller bonusar att tjäna. De fokuserar på att förbättra smaken med hemlagad mat av hög kvalitet, snarare än att sänka kostnaderna. Som svar på förändrade preferenser införde de hemleverans, en smalare meny och en produktlinje för stormarknader för att öka varumärkeskännedomen.

Detta är strategiska beslut. De är inte slumpmässiga, även om de inte alla är resultatet av planeringen. De är en del av ett strategiskt paket. De formar den konkurrensmässiga miljön. De stoppar efterföljare. Och de formar framtiden på ett sätt som är önskvärt och trovärdigt för kunder, investerare, chefer och anställda.

Mål

Att forma en organisations framtid involverar alla delar och alla.

Strategin tar hänsyn till saker inom och utanför organisationen som kommer att påverka dess framgång. Strategen ser också till möjligheterna och hoten mot organisationens framtid. Helst utforskar man dessa med fantasi, ambition och en kreativ förståelse för kunder, produkter och resurser.

För att forma framtiden krävs en kombination av tänkande, planering och reaktion på händelser som uppstår på vägen. Dessa frågor är viktiga strategiska nyckelfrågor:

- Vad vill vi göra?
-
- Vad tror vi är möjligt?
- Vad behöver vi göra för att nå våra mål?

När ska vi reagera på nya möjligheter och anpassa planerna?

Vad vill vi göra?

Detta skapar en känsla för vad som är önskvärt. Organisationer tenderar att ha ett övergripande syfte. Ibland är syftet mycket exakt och medvetet fastställt. Ibland är organisationens syfte mycket tvetydigt. Det kan finnas många olika åsikter om vad organisationen är till för och vad den ska göra. Dessa åsikter kan vara motstridiga och konkurrera med varandra. Allt detta är av intresse för den strategiska tänkaren.

Vad tror vi är möjligt?

Detta ger en viss praktisk betydelse. Man ser på möjligheterna i världen i kontrast till de resurser som organisationen antingen har eller kan få. Men genom att titta på möjligheter kan man också utvidga känslan av vad som är möjligt bortom vad som tidigare har gjorts. Vad kan ditt företag göra härnäst med hjälp av andras prestationer och trender inom teknik och konsumenternas önskemål?

Vad behöver vi göra för att nå våra mål?

Detta omfattar de strategiska åtgärder som krävs för att uppnå organisationens övergripande mål. Den omfattar ledarstilen, organisationens strukturer och processer. Och de projekt, uppgifter, roller, produkter och tjänster som måste utföras för att uppnå organisationens ambitioner. I idealfallet fungerar dessa åtgärder tillsammans på ett - mer eller mindre - harmoniskt sätt så att summan av åtgärderna är större än deras delar.

När ska vi reagera på nya möjligheter och anpassa planerna?

Vår syn på framtiden är ofullständig. När vi skriver våra planer eller bestämmer oss för ett övergripande syfte vet vi inte riktigt vad som kommer att hända härnäst. Små och stora händelser kommer att inträffa som utmanar den befintliga strategin. Nya möjligheter kommer att dyka upp som är större, bättre eller helt enkelt annorlunda än de vi tänkte på första gången.

Kontext

Att forma framtiden beror på sammanhanget. Du kan inte kontrollera vågorna av mänsklig önskan och strävan med en strategi, men du kan skapa en strategi som surfar på dessa mänskliga vågor, bidrar till dem eller drar nytta av dem. Av detta följer att man måste förstå sammanhanget för varje försök att skapa en strategi.

Det finns förmodligen platser med låg konkurrens och hög stabilitet i världen. Men det är säkrare att anta att den externa kontext som din strategi kommer att möta är hög konkurrens och låg stabilitet. Den här boken kommer därför att utgå från samma antagande och ge råd om strategier som kan vara effektiva i en sådan värld.

Varje avsnitt svarar på frågor som behövs för att skapa en strategi som kan användas för att forma framtiden. Det finns avsnitt som förklarar hur man skapar en strategi, hur man tänker som en strateg, hur man vinner med strategi, hur man får sin strategi att fungera, hur man bygger upp en strategisk organisation och hur man felsöker sin strategi när den slutar fungera.

Utmaning

Många organisationer har fortfarande stora planer för en bättre framtid. Ju större organisationen är, även i dag, desto mer sannolikt är det att den har en grupp för strategisk planering som utarbetar strategidokument som ett resultat av långvariga ekonomiska analyser.

Planen "kaskadiseras" eller förs vidare i hierarkin tills den når mellancheferna, och försvinner då ofta. De första linjen kan behöva arbeta i strukturer, processer eller rollbeskrivningar som utformades som en del av planen. Denna planerings-, kommando- och kontrollmetod leder ofta till en föråldrad strategi och ledare som inte längre är på hugget.

Vissa hävdar att det inte ens är möjligt att planera eftersom händelserna är så oförutsägbara. De hävdar att det är bättre att bara organisera så effektivt som möjligt. Sedan får man hoppas att de evolutionära marknadskrafterna (vad folk vill ha i samspel med vad folk säljer) kommer att passa naturligt in i det man gör.

Problemet med detta evolutionära tillvägagångssätt är att det inte riktigt tar upp vad du måste försöka göra för att göra det mer sannolikt att ditt företag passar in. Det är därför som en smart strategi ligger någonstans mellan dessa två extremer. Man försöker planera avsiktliga åtgärder för att forma framtiden, men man försöker också hålla sig nära lokala händelser och reagera på dem. På så sätt förvandlas strategin till en inlärningsprocess som i bästa fall blir smartare genom att experimentera.

Framgång

Framsteg görs när organisationen rör sig mot en strategi som drar lärdom av sina erfarenheter och anpassar sig till nya möjligheter. På så sätt kan du dra nytta av ett smart strategiskt tänkande snarare än en strategi som passar alla. Du kommer också att se att människor på alla nivåer blir mer engagerade eftersom cheferna är intresserade av vad som verkligen händer i första ledet.

I ditt strategiarbete kommer du att använda strategiska principer och verktyg för att bättre förbereda organisationen för att forma framtiden. Din strategi kommer att utformas som ett svar på externa vågor, kundernas behov och konkurrenternas agerande. Din strategi kommer att beakta verksamhetens karaktär (dess syfte, stil och produkter) och hur den organiserar interna resurser, processer och människor.

Fallgropar

Det är viktigt att ansträngningar för att införa mer strategi inte leder till mindre strategiskt tänkande (eller sämre resultat). Det finns många naturligt strategiska personer som ser möjligheter, ser nya mönster och anpassar organisationens arbete för att dra nytta av dessa. Det är också viktigt att inte bara ersätta en uppsättning ord med en annan. Tanken med strategiskt tänkande är att förbättra resultaten.

Checklista för strateger

- Kom ihåg att det inte räcker med en inåtriktad planering på grund av de stora externa förändringarna och konkurrensen.

- Arbeta dig igenom strategifrågorna (se sidan 176) och besvara dem för ditt företag. Detta ger en värdefull mall för att utveckla en kreativ strategi som är tillräckligt enkel för alla företagsstorlekar.

- Förstå betydelsen av ett lärande förhållningssätt till strategi. Detta innebär att så många människor som möjligt engageras i strategin så att de kan anpassa sitt arbete för att stödja organisationens syfte. Och så att de kan återge värdefull information till ledningsgruppen för att anpassa den officiella strategin.

Relaterade idéer

För professorerna Howard Thomas och Taïeb Hafsi är strategi en blandning av tumregler och kreativa metoder. Den hjälper människor att förstå och omvandla verkligheten. Detta innebär att strategiverktyg endast är värdefulla om de ligger nära verkligheten. Vissa tekniker är endast användbara för att fatta specifika beslut. De mest kraftfulla verktygen hjälper människor att navigera i processen att forma framtiden. Utan detta är strategi ingenting. Det är värt att komma ihåg att de åtgärder som människor i organisationer vidtar kan vara resultatet av vanor, hypoteser eller heuristik. Alla dessa handlingar kan få strategiska konsekvenser. Detta gäller särskilt för djupa handlingsmönster som formar vad - och hur - en organisation beter sig.

Som exempel kan nämnas forskning av Bingham och Eisenhardt, professorer vid North

Carolina och Stanford, introducerar idén att organisationer utvecklar en "portfölj av heuristik". Detta är lärdomar, både nyttiga och olämpliga, som kommer från erfarenhet och som formar åtgärder. Vissa av dessa lärdomar blir en inbäddad och obestridd del av kulturen. Hypoteser kan hjälpa till att utmana både vanor och heuristik vid behov.

Av liknande skäl hävdar Richard Rumelt i sin bästsäljande bok Good Strategy, Bad Strategy att det viktigaste är att ha en diagnos och en vägledande politik som är kopplad till en uppsättning sammanhängande åtgärder (i verkligheten). Han drar slutsatsen att dålig strategi är flum, medan bra strategi är logik - även om man bör notera att smart strategi ofta i slutändan är en form av luddig logik som måste anpassas till röriga situationer i den verkliga världen.

Tänka innan du planerar

Strategi handlar om att tänka bättre än dina konkurrenter. Det handlar om vision först och planering sedan. Därför är det så viktigt att du tänker innan du planerar. Och att den del av ditt arbete som handlar om att tänka prioriteras. Strateger som inte tar sig tid att tänka är bara planerare.

Frekvens: Före, under och efter planeringen.

Viktiga deltagare: Alla behöver tänka, men det börjar med dig.

Mark Zuckerberg byggde på Harvard en webbplats som hette Facemash "på skoj". Han byggde den under helgen. Han byggde den utan tillstånd. Det var en kopia av en redan existerande idé och den stängdes ner. Så han bestämde sig för att bygga något bättre och lanserade Facebook från sitt studentrum. Tänkandet kom först - vilka saker som kunde göras och varför - och sedan planeringen. Än i dag anser Facebook att det är bättre att göra det än att vara perfekt. Och det är så kreativt strategiskt tänkande fungerar bäst.

Strategiskt genomförda åtgärder är ofta bättre än operationellt perfekta. Zuckerberg fortsätter att informera analytiker om det långsiktiga tänk som styr Facebooks agerande. På så sätt får han långsiktiga anhängare som har gjort sina egna tankar innan de investerar. Att köpa Instagram för 1 miljard dollar under en påskhelg eller WhatsApp för 21 miljarder dollar skedde inte för att det var planerat utan för att Facebook redan hade gjort så mycket strategiskt tänkande. Denna strategiska filosofi handlar om att tänka bort kritik - hur berättigad den än är - och konkurrens från nya aktörer - som TikTok eller WeChat - för att fortsätta att öka vinsten. Det är en strategi som går ut på att tänka först och planera senare.

Mål

Planering tar tid. Det är ett seriöst arbete och det är relativt fantasilöst (och oinspirerande). Det måste vara så eftersom planering handlar om att få saker gjorda. Det är en praktisk del av att organisera arbetet. Uppgifter listas, projektgrupper bildas och komplexa projektdiagram och checklistor skapas.

Men om du börjar planera innan du tänker kan du få fel lösning på rätt problem. Eller kanske rätt lösning på fel problem. Eller den minst fantasifulla lösningen på ett riktigt viktigt problem.

Du kanske missar alla kreativa sätt att ta vara på de allra största möjligheterna. Ditt mål bör vara att se till att fantasifullt, öppet, lekfullt och passionerat tänkande sker innan det seriösa planeringsarbetet börjar. Det är vad strategi handlar om - att tänka strategiskt.

Ditt mål bör vara att vara så öppen som möjligt innan du börjar planera. Du kommer att upptäcka att det är lika lätt att planera något fantastiskt som att planera något uppenbart.

Kontext

Strategi handlar om den kortaste vägen mellan medel och mål. Det handlar antingen om att vara bättre än konkurrenterna eller, ännu bättre, om att hitta nya, ännu större möjligheter. Möjligheter som konkurrenterna ännu inte har hittat. Eller möjligheter som konkurrenterna inte förstår eftersom de inte har tänkt på samma sätt som du.

Det finns alltid bättre sätt att göra något. Det finns alltid kortare vägar för att ta sig från den plats du befinner dig till den plats du vill ha. Det finns alltid nya marknader som växer snabbare än din marknad. Det finns alltid metoder, relationer och idéer som bara väntar på att upptäckas, och dessa kan bara upptäckas genom att skapa utrymme - slack - för att tänka.

I hela Strategiboken finns det frågor som du bör tänka på. Det är tankeexperiment som du kan göra ensam eller i grupp. Ni behöver inte pröva varje plan i praktiken, utan ni måste testa en rad planer i era tankar. Ni behöver utforska vad som är möjligt så att ni kan utvidga det som är möjligt. Detta är det väsentliga värdet av strategiskt tänkande jämfört med att bara arbeta hårt. Det kräver att du ifrågasätter vad som görs och vad som skulle kunna göras.

Utmaning

Det finns många anledningar till att organisationer inte tänker innan de planerar. Det viktigaste skälet är förmodligen tidsbrist. Folk säger att de är så upptagna med att planera, organisera, göra och hantera problem att de inte har tid att tänka. Tänkandet är en lyx som de önskar att de hade tid för, men som de inte har.

En del människor tycker att det är en onödig lyx att tänka. För handlingsinriktade personer kan det tyckas uppenbart vad de borde göra. De mer angelägna frågorna är hur effektivt de kan organisera arbetet och hur effektivt de kan få människor att utföra arbetet.

Erfarenheter av ineffektiv byråkrati kan också minska människors tålamod med försök att ägna tid åt att tänka. Smärtsam brainstorming, möten från helvetet och hierarkier fyllda av styrkommittéer gör allt som har med strategi att göra oattraktivt för dem som vill få saker gjorda.

Framgångsrika organisationer försöker ha en sund balans mellan att tänka, planera och göra. De ägnar tid åt att lära sig av vad de har gjort tidigare och hur väl deras planer har lett till de resultat som de hade tänkt sig. De utforskar också bara sin värld utan att ha specifika planer i åtanke. Det är värt att ställa några frågor:

- Hur mycket tid har du lagt ner på att tänka på strategin?
-
- Hur många alternativ har ni övervägt innan planen skrevs?
- Hur har ni sett till att tankegångarna bakom planen ifrågasätts? Hur mycket tid ägnar ni åt att utforska trender, möjligheter och coola saker? Hur mycket tid ägnar du åt att leka med idéer, förhoppningar och drömmar?

Framgång

Du vet att du blir bättre på att tänka före att planera när det finns tid för att tänka i din företagskalender och, vilket är lika viktigt, i din personliga tidtabell.

Det behöver inte vara överdrivet - tanken är att hitta en effektiv balans, men det innebär mer än ett par dagar per år.

Att tänka på strategi är inte bara för dem som gillar att tänka på strategi. Framgången kommer därför också att mätas av hur många människor ni involverar i det tänkande och de frågor som föregår strategin.

- Tar hela teamet aktiv del i tankesessionerna?
- Finns de olika avdelningarna och funktionerna med?
- Ingår hela organisationen i tankeprocessen?

Ingår personer utanför organisationen (och kunder)?

Att ställa krävande frågor om tidigare planer, resultat och tankesätt blir en acceptabel (till och med nödvändig) del av organisationens arbetssätt. Ännu viktigare är att den tid som läggs ner på att kreativt utforska möjligheter och möjligheter kommer att betraktas som värdefull aktivitet. Att ifrågasätta rådande visdomar kommer att ges det utrymme som det förtjänar och de som ställer svåra frågor kommer att skyddas.

Fallgropar

Att uppmana människor att tänka innan de planerar kan leda till problem. Vissa kan dra slutsatsen att du försöker bromsa meningsfulla åtgärder. En risk är att de som inte vill agera minskar den brådska som finns hos dem som inte vill agera. En annan är att de som vill agera kämpar mot tänkandet eftersom de anser att det är bortkastad tid. Det är viktigt att klargöra fördelarna med att tänka före planeringen och att bygga in det i specifika faser av strategin fram till handlingsprocessen.

Checklista för strateger

• Kom ihåg att den bästa strategin handlar om att tänka sig fram till nya möjligheter från den plats där du befinner dig. Planeringen kommer därefter. • Att förbättra strategin innebär att förbättra din förmåga att tänka, inte bara din intelligens eller dina kunskaper, utan också hur du tänker. • Inrätta tid för att tänka i ditt schema. Och lägg in tid för tänkande i det normala schemat för ditt team, din avdelning eller din organisation. Särskilt innan nya planeringsinsatser inleds. • Undvik att bara ha en plan (eller en uppsättning alternativ) att följa. Prova flera olika handlingsalternativ. Experimentera med dem med hjälp av fantasi för att se vilka fördelar varje väg framåt erbjuder.

• Ta in externa personer för att utmana (och granska) ditt tänkande. Det är viktigt att de inte bara håller med om vad du har planerat. Det tänkande och de antaganden som ligger till grund för dina planer testas sedan på nytt före de månader av åtgärder som följer.

Relaterade idéer

Chris Argyris idéer är användbara här. Strategisk planering är som inlärning i ett enda kretslopp. Man gör något, väntar tills det är klart och tar sedan reda på vad som fungerade och vad som inte fungerade. Strategiskt tänkande är som inlärning i dubbla kretsar. Man tänker igenom vad som skulle kunna hända och vad som händer och använder fantasin för att dra lärdomar medan det fortfarande finns tid att förändra (se sidan 226).

Som Sir Lawrence Freedman säger i sin bok Strategy: A History att "en begåvad strateg" kommer att fortsätta att röra sig mellan mål och medel. En smart strateg kommer att växla mellan nuvarande möjligheter och framtida möjligheter. Smart agerar med målen i åtanke, så att varje åtgärd du vidtar ökar antalet önskvärda resultat och sannolikheten för att de ska inträffa.

Att bli en strategisk tänkare

Att bli en strategisk tänkare handlar om att öppna ditt sinne för möjligheter. Det handlar om att se den större bilden. Det handlar om att förstå de olika delarna av ditt företag, ta isär dem och sedan sätta ihop dem igen på ett mer kraftfullt sätt. Det handlar om insikt, uppfinningsrikedom, känslor och fantasi med fokus på att omforma någon del av världen.

Frekvens: Varje problem, varje möjlighet!

Viktiga deltagare: Du.

Vid 11 års ålder insåg Taylor Swift att hennes talang för sång inte räckte till när hon inte lyckades få ett skivkontrakt. För att lyckas bestämde hon sig för att vara strategiskt annorlunda. När hon lärde sig tre ackord på gitarr vann hon ett kontrakt med Sony för att skriva låtar när hon var 15 år. Modellering för Abercrombie & Fitch ökade hennes profil. Användning av sociala medier utökade hennes fanskrets. Att skriva låtar ur sitt tonårsperspektiv gav henne ett första album. Hon har gjort en rad ambitiösa, strategiska drag, bland annat genom att samarbeta med andra genrer för att ge henne en attraktionskraft som sträcker sig längre än till countrypop. Trots utmaningar från yngre rivaler och kritik om falsk autenticitet har strategiskt tänkande tagit henne från karaoketävlingar till att bli en av världens mäktigaste musiker.

Mål

Det är möjligt att vara en strategisk tänkare utan att använda några strategiverktyg, men det är inte möjligt att skapa en lysande strategi utan att vara en strategisk tänkare. Det finns en viktig skillnad mellan att skapa strategidokument och att skapa en strategi som tar dig dit du vill komma. Det finns också en värdefull skillnad mellan ledartänkande och strategiskt tänkande.

Ledare säger ofta att de vill ha strategiskt tänkande. De vill vara förberedda och tror att strategiskt tänkande kommer att hjälpa dem att förbereda sig. De vill ha mer av mindre, och de är beroende av strategiskt tänkande för att kunna leverera det. De vill ha människor omkring sig som ser helheten. De vill ha smarta lösningar på röriga problem. Och de vill gå bortom det uppenbara och tänka bättre än konkurrenterna.

Strategiska tänkare ställer olika slags frågor och ser på gamla (och nya) problem med nya ögon. De ser det som andra människor missar - oavsett om det handlar om en till synes oviktig detalj eller en mycket långsiktig trend som en del av en mycket större bild. En del av deras värde är att de ställer frågor som är kreativa och skräddarsydda för den aktuella situationen. Den här boken är full av frågor för att ge dig fler alternativ när du utformar dina egna strategiska frågor. Men de viktigaste frågorna att fortsätta ställa är: varför och varför inte?

- Varför inte ändra reglerna?
-
- Varför gör vi det vi gör?
-
- Varför är vi nöjda (eller inte) med status quo?
-

Varför inte göra något (helt) annorlunda? Varför kommer vår plan att fungera (eller misslyckas)?

Det är bäst att fokusera på frågor som öppnar upp för nya tankar snarare än att i förtid landa i ohjälpliga detaljer. Den som tänker strategiskt kan öppna upp för nya tankar (skapa många möjligheter) och sedan skapa visioner som är tydliga och engagerande för att forma framtiden på önskvärda sätt.

Sammanhang

Organisationer tenderar att vara fulla av människor som är fångade av en rad begränsningar. Deras syn på världen begränsas av rollbeskrivningar, avdelningsansvar och företagsprocesser. Dessutom tenderar de att fokusera på de kortsiktiga kraven från rapporteringsstrukturer och resultatstyrning.

Olika människor är naturligt nog intresserade av olika aspekter av den stora bilden. Vissa fokuserar på praktiska aspekter av vad som händer härnäst medan andra vill förstå fakta och siffror som stöder en ny inriktning. En del är intresserade av hur det påverkar människor (det bredare teamet) medan andra vill göra något nytt och fantastiskt oavsett om det är realistiskt eller praktiskt möjligt eller inte.

Den strategiska tänkaren är intresserad av aspekter av alla dessa frågor, men kan göra ett slags mental gymnastik. Strategiska tänkare kan koppla samman idéer från olika specialområden och lyfta fram möjligheter som uppstår genom motsägelser, spänningar och paradoxer. De tar reda på hur saker och ting kan passa bättre ihop.

Utmaning

I tider av stabilitet eller enkel tillväxt kan djärva strategiska tänkare vara underskattade. De vill göra stora saker och när de stoppas ger de antingen upp eller går vidare. I tider av osäkerhet, eller när det blir svårt att växa, har organisationen ett akut behov av strategiska tänkare, men kan konstatera att den inte har tillräckligt många av dessa personer i inflytelserika positioner. Den kan också upptäcka att den inte är van att lyssna på dem (eller delta i det strategiska samtalet) så att de måste lära sig nya strategiska tankevanor.

En annan utmaning är att det finns mycket lite formell utveckling av strategiskt tänkande som innefattar den typ av kreativ, tvångsmässig eklekticism som är nödvändig. En del av orsaken är att det helt enkelt inte är lätt att göra. Man kan inte bara ha en tråkig, oinspirerad, rutinmässig utbildning i strategiskt tänkande om man vill ha ett briljant, inspirerat, okonventionellt beteende.

Den goda nyheten är att de flesta människor vill vara kreativa och vill förstå hur de kan förbättra sin framtid. Det finns många inspirationskällor för strategiskt tänkande - vad människor hatar, vad de älskar, vad som frustrerar dem och vad som fängslar dem. Strategiskt tänkande kan omvandla osammanhängande känslor, önskningar och ansträngningar till något som ger riktning och syfte.

Framgång

Du vet att du börjar bli bättre på strategiskt tänkande när ditt första svar på en situation är att ställa öppna frågor. Du kommer att börja försöka ta isär saker som verkar stängda och sedan sätta ihop dem igen. Du kommer att bli mer lekfull och kreativ med de kombinationer du provar. Och du kommer att söka efter mer varierade, eklektiska och mångsidiga bidrag till din tankeprocess.

- Hur fungerar din bransch (eller sektor)?
- Hur ser framgång ut för din organisation?
- Vad krävs för att göra det tio gånger bättre?
- Vilken är den viktigaste (grundläggande) frågan som du står inför?
- Vad skulle du göra om du inte hade några begränsningar?

Hur många av dessa begränsningar är verkliga?

Vad gör äldre, yngre, rikare eller fattigare människor?

Som ledare kommer du att bli mindre intresserad av konformitet eftersom du vet att konformitet har ett begränsat värde. Du kommer att bli otålig med "me-too"-planer och -strategier som kopieras av andra. Du kommer att begära "nästa stora grej". Och du kommer att investera i människor och arbete som är ambitiöst och djärvt. Det är ofta inte svårare att växa än att krympa som organisation, och ni väljer tillväxt.

Fallgropar

Oavsett vilken roll du har måste du i en företagsmiljö ha en strategi för att sälja din förmåga som strategisk tänkare. Du vill att folk ska erkänna och förstå din förmåga. Det är lätt att irritera eller frustrera andra om du säger att du är en strategisk tänkare. Det är bättre att utveckla dina färdigheter (och ditt rykte) genom att tillämpa dem först i ditt arbete och sedan på hur du ska dela med dig av dina surt förvärvade kunskaper till andra.

Checklista för strateger

- Bli skicklig på att använda frågor för att vägleda ditt strategiska tänkande. Använd Why? och Why not? som en utgångspunkt, tillsammans med de andra frågorna i den här boken och nya, fantasifulla frågor som du skapar för att hitta möjligheter i just din situation.

- Förstå skillnaden mellan strategisk planering och strategiskt tänkande (se föregående avsnitt) så att du kan fortsätta att sträva efter den kraftfulla kombinationen av praktiska lösningar och intuition.

- Gå från att bryta ner ett problem till att bygga upp det igen för att få en bättre förståelse för problemet och sedan för att få ett strategiskt svar på problemet som skapar nya möjligheter.

- Bli duktig på att använda de olika verktygen och principerna i den här boken. De har valts ut för att utveckla strategiskt tänkande och är avsedda att uppmuntra till att använda dem på kreativa, djärva och flexibla sätt som inspirerar.

Relaterade idéer

Kenichi Ohmae hävdar i sin klassiska bok The Mind of the Strategist att chefer tenderar att fokusera för mycket på att slå (eller kopiera) konkurrenterna. Den strategiska tänkarens öppna sinne kan välja att leta efter ambitiösa, nya sätt att skapa välstånd som fokuserar på kundernas (ouppfyllda) behov och den egna organisationens styrkor.

I en artikel i American Psychology diskuterade Daniel Kahneman, författare till boken Thinking, Fast and Slow, och Gary Klein, författare till boken Seeing What Others Don't, de relativa fördelarna och farorna med intuition. De var överens om att smarta strategiska tänkare skyddar sig mot fördomarnas fallgropar genom att inse begränsningarna för magkänsliga beslut. De funderar på vad som kan gå fel genom att utföra vad Klein beskriver som "premortems". Överdrivet självförtroende är farligt, särskilt eftersom ledare kan få makt på grund av ett lyckligt risktagande snarare än visdom.

Sälj din strategi

En företagsstrategi är oftast bara användbar om du får människor att engagera sig för att hjälpa dig att få den att fungera. Du måste förklara dina strategiska idéer för ledningsgruppen för att få dem att stödja dina idéer, och du måste kommunicera och involvera människor på alla nivåer. Försäljning är ofta den bortglömda delen av strategiprocessen - den del som övertygar människor om att strategin är ett trovärdigt och värdefullt sätt att forma framtiden.

Frekvens: I början och sedan regelbundet.

Viktiga deltagare: Ledningsgruppen, sedan alla.

Sony gav en utomstående ansvar för nästa generations spelkonsol. Detta skedde först efter det att den utomstående personen framgångsrikt påpekat tidigare strategiska misstag och föreslagit sig själv för jobbet som strateg. En amerikansk programvarukille som gick till spelarna och utvecklarna för att fråga vad de ville ha och som sedan lyckades sälja strategin "För spelarna" till ledningen i Sony. Det var ett hårt arbete att sälja strategin, men resultatet blev en produkt som var lätt att utveckla för och rolig att spela. PS4 har varit en strategisk triumf och har sålt mer än sina rivaler, nästan två gånger mer än en.

Tyvärr handlade Microsofts nya konsol mycket mindre om spelarna och mycket mer om att vd:n berättade om sin strategi, snarare än att sälja den. De ville "äga vardagsrummet". Alla företagets strävanden och mål slängdes in i en enda produkt. Varje chef fick en del av kakan, utan strategiska argument som var meningsfulla utanför styrelserummet. Resultatet blev en konsol som var dyrare och mindre lönsam än PS4. De hade upprepat Sonys tidigare generations misstag, av nästan samma skäl.

Mål

För att få företaget att följa din strategi måste du få ledningsgruppen att stödja den. Du behöver inte börja med toppgruppen. Faktum är att du vanligtvis inte får möjlighet att lägga fram en direkt pitch utan att göra en viss ansträngning för att kampanja för det.

Lyckligtvis kan du utveckla din strategi samtidigt som du engagerar människor i den så att den får fart. Det är bättre att behandla strategiska idéer som en del av en konversation om du verkligen vill ändra organisationens inriktning. Samma tillvägagångssätt hjälper om du bara vill vara med och forma dess framtid och bli accepterad som en strategisk tänkare. Du måste kunna sälja strategi.

Alla strategier behöver inte miljarder i investeringar, men strategier behöver stöd från en större grupp än den person som kom med idén. Vid någon tidpunkt behöver du förmodligen stöd från den högsta ledningen, och du behöver säkert stöd från olika personer inom (och utanför) företaget för att få din strategi att fungera. Någon gång måste strategin leda till handling.

Sammanhang

Först ska du fundera på vad din strategi behöver för att fungera. Sedan kan du arbeta bakåt till din nuvarande situation och fundera ut hur du ska få det som din strategi behöver. Gå igenom logiken i din strategi. Använd verktygen och teknikerna i den här boken för att konstruera en strategi som kan dra nytta av möjligheter och hantera sannolika hot av olika slag.

För det andra bör du fundera på varför ditt företag bör bry sig om din strategi. Hitta särskilt de problem som styrelsen vill att man löser. Vad är de högre cheferna rädda för? Vad pratar de om? Vilka problem löser din strategi? Vilka problem löser din strategi som din ledningsgrupp förstår? Vilken typ av strategi är de redo att köpa?

Om din strategi behöver stöd utanför din kontroll måste du ta försäljningsprocessen på allvar. Många begåvade människor med kraftfulla idéer som skulle ha hjälpt organisationen vet inte hur de ska sälja dessa idéer. Så antingen måste du bli bättre på att sälja idéer eller hitta någon annan som kan sälja dem tillsammans med dig.

- Hur ser den formella strategiplaneringsprocessen ut i din organisation?

- Hur får idéer (och strategiska idéer) finansiering och stöd?
-
- Hur ser den informella beslutsprocessen ut?
- Vilka är de strategiska påverkare i din organisation? När är den bästa tiden att sälja strategiska idéer?

Svaren på dessa frågor kommer att vara olika för varje organisation. En del av arbetet med att bli en trovärdig strategisk tänkare är att lära sig effektiva metoder för att sälja idéer för din situation. Vanligtvis krävs en blandning av formell och informell påverkan samt en blandning av passion, logik, kreativitet och ekonomiska detaljer för att få det stöd som din strategi behöver.

Utmaning

Hur man säljer en strategi beror på var man arbetar och hur man passar in i hackordningen. Det finns en skillnad i formalia och processer på olika ställen. Det finns också en skillnad i hur du blir uppmärksammad om du befinner dig längst ner, i mitten eller i toppen av organisationen.

En del av dina val beror på var du vill fokusera ditt strategiska tänkande. Det finns många goda skäl för att börja med strategi som kommer att hjälpa dig och ditt team. Det är ett bra sätt att utveckla de färdigheter du behöver och din arbetslivskunskap om de verktyg som kan hjälpa dig. Det är också ett effektivt sätt att bygga upp trovärdighet innan du ber människor att investera i större idéer som påverkar hela företaget.

Det kan finnas undantag. En upplyst ledningsgrupp kanske anser att strategin bör omfatta idéer och engagemang från alla. Ta reda på om det är sant i princip och testa det i praktiken med mindre förslag för att se vad som händer. Se dig omkring för att se om någon har lyckats påverka företagets inriktning framgångsrikt utanför de högre ledningsnivåerna.

Du kanske bestämmer dig för att dina idéer är för brådskande för att vänta. Kanske är du personligen så passionerad av dina strategiska idéer att du är villig att anta en allt-eller-inget-strategi. Du kanske är så övertygad om dina idéer att du är beredd att omsätta dem i praktiken. Du kanske känner att företagets situation är så desperat att det är nu eller aldrig.

Och du kan råka ut för ett tillfälle att presentera en strategi som är för bra för att ignoreras. Att reagera på möjligheter är viktigt för en verklig strategi, så låt mig inte hindra dig. Ta dig bara en stund för att överväga dina möjligheter.

Framgång

Du vet att du blir bättre på att sälja (eller presentera) strategi när cheferna börjar komma till dig när de måste tänka strategiskt. Och du vet verkligen att du börjar bli bra när du kan utforma strategin i din organisation. Din förmåga att påverka kommer att hjälpa dig att engagera människor i framtiden på alla nivåer, både inom och utanför organisationen.

Dina strategiska idéer kommer att vara försedda med alternativ, så att människor kan välja mellan dem. Du kommer att kunna presentera idéer som är tillräckligt tydliga för att förstås, men tillräckligt flexibla för att människor ska kunna bidra till dem. Du kommer att kunna använda berättelser för att väcka känslor samtidigt som du använder siffror för att göra dina strategiska idéer konkreta och trovärdiga.

Fallgropar

Ingen tycker om att känna sig manipulerad, så var försiktig med att använda sig av grova påverkansmetoder. Ingen tycker heller om en besserwisser, så lyssna mer när du lär dig att vara en del av det strategiska samtalet. Kom ihåg att det finns dolda spel som spelas. Vissa spel är bara normala mänskliga sätt att fatta beslut. Vissa spel spelas för att förhindra att något nytt händer - de skyddar status quo från personer som du som vill göra förändringar.

Checklista för strateger

• Fråga runt för att få en bättre uppfattning om hur strategin utvecklas i din organisation. Ta reda på om det är informellt eller formellt, uppifrån och ner eller nerifrån och upp. • Läs den befintliga strategin om du har tillgång till den. Läs årsrapporten.

• Förstå din organisations strategiska position med hjälp av verktygen i den här boken.

- Sök efter möjligheter att engagera dig i något arbete som är intressant för helheten eller för att forma framtiden.
- Om du bidrar på ett effektivt sätt ökar din trovärdighet som strategisk tänkare. Använd ditt inflytande för att delta i det strategiska samtalet.
- Bli bättre på att påverka och presentera idéer. Studera särskilda böcker i ämnet.
- Utveckla en gemenskap av människor som är intresserade av att forma företagets framtid.

Relaterade idéer

De flesta böcker om försäljning (och påverkan) av strategier är försummade i den praktiska verksamheten. Den smarta strategen kan dock hitta värdefull kunskap i Cialdinis klassiska bok om övertalningspsykologi, Influence, och bröderna Heaths bok Made to Stick. Det viktiga är att en strategi måste säljas aktivt som en del av ett samtal, annars kommer den aldrig att få tillräckligt stöd för att påverka en organisations åtgärder.

Det är lika viktigt att reagera som att planera.

Dina största framgångar kommer att komma från strategiska svar på oplanerade möjligheter.

Del två

Tänka som en strateg

Att tänka som en strateg är att se möjligheter som kan formas till önskvärda situationer. Man måste kunna lägga märke till vad som händer runt omkring en. Du bör kunna lägga märke till historiska trender som öppnar nya möjligheter. Och du måste kunna spela ett slags flerdimensionellt schack och föreställa dig flera drag framåt vad ditt nästa drag bör vara nu.

Händelser i den verkliga världen har många orsaker. De har så många orsaker som hänger samman på så många konstiga och underbara sätt att människor beskriver världen som komplex och kaotisk. Det finns så mycket osäkerhet, säger de, att det inte är någon idé att göra planer eller försöka åstadkomma något längre än till idag.

Duktiga strateger accepterar att världen är komplex och funderar på vad de ska göra nu för att påverka händelserna. De låtsas inte att de har alla svaren (om det inte är till hjälp för deras strategi att låtsas), de letar bara efter mönster och utformar sedan kreativt åtgärder nu för att forma framtiden.

En del av den kreativa processen är instinktiv. Den är undermedveten och bygger på den naturliga förmågan att se och tolka mönster. Men instinkten kan utvecklas och den naturliga talangen kan förbättras. Du kan bli bättre på att lägga märke till saker. Du kan få insikter som leder till nya möjligheter. Och du kan bli mycket bättre på att samla ett team för att skapa idéer och förverkliga dessa idéer.

Varje sida i den här strategiboken handlar om att tänka och agera som en strateg.

Ämnena här handlar om särskilda aspekter av denna förmåga till strategiskt tänkande. Du kommer att lära dig hur det är lika viktigt att reagera som att planera. Du kommer att få insikter om värdet av att ta risker som överbryggar osäkerhetsgapet. Du kommer att börja se dig över axeln och leta efter var gräset är grönare.

Strategens verktygslåda (på sidan 175) har utformats särskilt för att hjälpa dig att tänka som en strateg. Varje verktyg kan användas på ett kreativt eller mindre kreativt sätt när du utvecklar dina färdigheter i strategiskt tänkande. Till och med det mest välkända av verktygen, SWOT (sidan 182) till exempel, kan användas för att skapa anmärkningsvärda insikter om hur man kan hitta källor till nytt värde som din organisation kan leverera.

Ta en titt på Porters fem krafter (på sidan 184) och fundera verkligen på vad dessa krafter betyder för ditt företag. Undersök Burgelmans modell för strategidynamik (sidan 188) för att se hur din marknad och ditt företag passar in i kontinuumet för att upprätthålla och ändra regler. Prova Staceys modell för osäkerhet och överenskommelse (sidan 234) för att upptäcka om ditt företag är på väg mot kaos eller fast i självbelåtenhet.

Titta på Mintzbergs distinktioner mellan framväxande, planerad och förverkligad strategi (sidan 228). Den skicklige strategen vet att strategi är mycket mer än planen. Du kommer att känna igen den större bilden och börja kunna forma situationer genom åtgärder redan nu. Du kommer att börja tänka som en strateg.

Och det finns kraft i det.

Att reagera är lika viktigt som att planera

Framgångsrik strategi handlar ofta om att reagera på händelser. Planering räcker inte långt eftersom man inte vet vad som kommer att hända i framtiden - man kan bara gissa. Den smarta strategen låter strategin formas av händelserna. Goda reaktioner kan leda till en bra strategi.

Frekvens: Varje problem, varje möjlighet!

Viktiga deltagare: Först och främst du. Sedan alla.

Den unge Ingvar Kamprad använde oväntade pengar från sin far - en gåva för goda provresultat - för att grunda IKEA. Han bodde nära möbeltillverkare och reagerade därför genom att sälja möbler. Han reagerade på en bojkott från lokala rivaler genom att tillverka sina egna möbler. Hans första designer reagerade på att det inte gick att få plats med ett bord i en bil genom att skapa det första platta paketet. Han reagerade på att hans utställningslokal brann ner genom att bygga en enorm ersättningslokal. Han reagerade på överdriven efterfrågan från kunderna genom att starta självbetjäning. IKEA:s strategi kom från smarta reaktioner på stora oplanerade möjligheter.

Mål

Oplanerade möjligheter kan vara din bästa chans att skapa en bra strategi, så du måste ständigt leta efter dem. Det finns bevis för att de mest framgångsrika entreprenörerna och ledarna är fantastiska på att upptäcka möjligheter. Och de största möjligheterna kommer från reaktioner på oplanerade händelser. Så fråga dig själv:

- Kan vi med detta problem börja om på nytt och göra det bättre?
-
- Vad kan vi göra i dag som var omöjligt i går?

Fungerar vår plan fortfarande? Hur kan vi dra nytta av händelserna?

Alla dårar kan göra en plan. Genialiteten ligger i att se hur nya händelser öppnar nya möjligheter för den gamla planen. Eller till och med helt nya planer som inte var möjliga när den gamla planen skrevs. Strategen sållar ständigt igenom händelserna för att hitta bevis för hur väl planen fungerar.

Han vill se nya möjligheter att uppnå sina mål. Eller nya mål som tidigare var omöjliga.

Sammanhang

De flesta företag har en årlig planeringscykel. De ägnar en viss tid (vanligtvis inte tillräckligt mycket) åt att fundera på vad de vill uppnå. De tar fram ett dokument som innehåller en rad mål, prioriteringar och till och med uppgifter. I det ögonblick som planen trycks upp betraktas den som färdig.

En del människor följer planen. De låtsas (eller tror) att det är perfekt. Vissa chefer insisterar på att planen ska följas som en principiell fråga. Planen kräver ett svar från högre chefer, högre chefer, chefer och yrkesverksamma. Varje nivå i hierarkin tar fram sin egen version av huvudplanen - ibland tar processen nästan ett år av kaskaddokument. Det är alltså värt att ställa några frågor:

- Vad händer om antagandena i planen är felaktiga?
-
- Hur kan de anställda ifrågasätta planens antaganden?

Kommer planen att vara föråldrad när planeringen är klar?

Andra ignorerar planen. De läser den inte. Och de tror definitivt inte att den har något att göra med deras dagliga arbete. De kanske reagerar på händelser, men deras sätt att reagera förändras sällan. De förstår planernas begränsningar - motsägelserna, okunskapen och bristen på specifika detaljer - men de förstår inte planernas makt att forma reaktioner på händelser.

Risken är att om man följer planen alltför slaviskt (utan att reagera på händelserna) leder det företaget effektivt i fel riktning. Händelserna kan göra att den rätta planen blir felaktig. Faran med att inte följa någon plan är att åtgärderna inte är i takt med varandra, vilket kan leda till att en plan inte fungerar eller till att effekterna av att alla arbetar tillsammans inte förbättras.

Utmaning

Det är svårt för vissa människor att acceptera att det är bra att reagera (och inte bara planera). Chefer har fått lära sig värdet av att vara (eller se ut som!) organiserad. De har lärt sig att proaktivitet är vad affärsvärlden vill ha. De har fått höra att det är dåligt att vara reaktiv. Det är bra att planera, men det är dåligt att tro att man kan planera allt. Du behöver ett förberett sinne som är redo att känna igen oplanerade möjligheter.

Den goda nyheten är att det är hälsosamt för företaget att öppet diskutera fördelarna med att reagera och begränsningarna med planering. Det finns något för alla i idén. Den kan föra samman dem som tror att alla planer fungerar och dem som tror att det är vardagen som är det enda som räknas. Båda har rätt. Och fel.

En annan praktisk utmaning är att skapa utrymme för båda typerna av strategier i de formella sätt på vilka ditt team eller företag är organiserat. Strategin är effektivare om den anpassas under hela året. En del av detta är anpassningar i det sätt på vilket strategin genomförs; enskilda chefer och kollegor kan komma på hur de ska reagera på omständigheterna för att leverera den officiella planen.

Men vissa ändringar av mål, planer och inriktning kan med fördel återföras till den formella strategin. Det är ett sätt att erkänna att strategin har ändrats. Det är en metod för att uppmuntra till att fokusera på nya möjligheter. Det kan minska den negativa effekten av alltför många alternativa tillvägagångssätt och det är mycket effektivare än att bara planera, blunda och vänta på resultaten i slutet av året!

Framgång

Du vet att du blir bättre på att reagera (inte bara planera) när du upptäcker att några av de största framgångarna under det gångna året inte ingick i planen i början av året.

Din planering kommer att vara mer flytande. Du kommer att inkludera alternativ för att gå i andra riktningar om omständigheterna förändras. Du kommer att undersöka "vad som händer om"-scenarier när du planerar. Du kommer att bli tillräckligt smart och snabb för att känna igen en fantastisk ny möjlighet (eller ett fruktansvärt nytt hot) medan det finns tid att reagera på ett intelligent sätt - och du vet hur du ska använda dem för att bättre uppnå dina ambitioner.

Ni kommer att göra "brandbekämpning" till en del av er strategi och ni kommer att inkludera fler av de personer som dagligen reagerar. Mellanchefer, arbetsledare och personer som arbetar i första linjen - alla kan bidra till att inse behovet av smarta reaktioner på verkliga händelser och omständigheter.

Fallgropar

Reaktioner på situationer kan vara kontraproduktiva. Oplanerade åtgärder kan motverka strategin. Människor kan fatta ad hoc-beslut som är vettiga för dem själva men inte för helheten. Eller så kan många oplanerade åtgärder vara meningsfulla var för sig men inte tillsammans. Poängen här är inte att uppmuntra till överdrivet kaos. I stället vill man ha kanaliserade initiativ och kreativitet.

Checklista för strateger

• Lista saker som har gått fel eller problem som du har stött på. Fundera över hur dessa problem påverkar strategin och åtgärderna för att stödja den. • Utforska reaktioner på problem. Ta reda på om dessa ad hoc-lösningar ger nya möjligheter att förbättra strategin.

• Använd scenarioplanering för att undersöka möjliga vändpunkter i framtiden. Det hjälper dig att upptäcka möjligheter att reagera på.

• Prata med människor! Din chef. Dina kollegor. Kollegor på alla nivåer.

Särskilt i organisationens mellan- och frontlinje. De vet

vad som fungerar. De vet vad som misslyckas och de kan berätta det medan det fortfarande finns tid att reagera.

• Ta dig tid att förklara för alla vad den strategiska inriktningen betyder för dem. Det är det bästa sättet att se till att individuella reaktioner stöder det ni försöker uppnå.

Relaterade idéer

Henry Mintzberg hävdar att det finns flera olika typer av strategier: Planerad strategi - det du bestämmer dig för att göra, förverkligad strategi - planer som förverkligas på det sätt som du förväntade dig, och framväxande strategi - det oplanerade mönstret av åtgärder som sker med tiden (se sidan 228). Forskning av Laurent Mirabeau vid Telfer School of Management i Ottawa visar att detta ofta händer när människor försöker göra något som är medvetet strategiskt utan formellt tillstånd. Denna typ av autonomt strategiskt beteende kan leda till framväxande strategi - något som består - eller försvinner, strategi som beskrivs som "flyktig". En strategisk väg som kunde ha varit.

Ta risker (hoppa över dina osäkerhetsluckor)

Alla beslut handlar om framtiden. Eftersom framtiden är osäker kommer alla dina beslut att ha ett osäkert resultat. Men eftersom du försöker forma framtiden måste du ändå fatta beslut. En del av detta är att bedöma osäkerhetsnivåerna. Den andra delen är att fatta beslut som kan ge dig den bästa chansen att lyckas trots osäkerheten.

Frekvens: När du är fördröjd av obeslutsamhet.

Viktiga deltagare: Du och teamet.

Lego stod inför förluster på flera miljoner dollar och tog det riskabla beslutet att anställa sin nya vd utanför familjen. Den nya vd:n beslutade att skrota många av de mest fantasifulla projekt som lanserats under de senaste åren - och riskerade därmed den innovationskultur som hade gjort Lego känt. Han ökade det strategiska fokuset genom att återgå till Legos kärna - ett enhetligt system för kreativ problemlösning. Han fattade sedan det riskabla beslutet att återlämna makten att förverkliga denna strategiska vision till sitt begåvade team. Designerna arbetade med hälften så många färger och hälften så många komponenter och uppmuntrades att skapa nya leksaker med det de hade - och att samarbeta närmare med Lego-entusiaster utanför företaget. Genom att lyckas hoppa över osäkerhetsgapet, ofta genom att utmana övertro på sig själv, har Lego förvandlats till världens största leksaksföretag.

Mål

Osäkerheten kan bara minskas genom engagerade beslut och åtgärder. Du kan inte vänta på att osäkerheten ska försvinna, men du kan välja att skapa säkerhet om syfte och riktning. Du kan inte ta bort risker, men du kan fundera på hur du kan skapa en kultur och processer för att anpassa dig till oväntade problem.

- Hur stor är osäkerheten i din bransch?
-
- Vilken osäkerhet omgärdar ett visst beslut?
- Vilka är riskerna med att fatta (eller inte fatta) vissa beslut? Hur kan saker och ting gå fel? Vad skulle du göra härnäst?

Människor tänker olika om risk och osäkerhet. Chefer tenderar att ta mindre risker än entreprenörer på grund av skillnader i hur de ser på de relativa fördelarna med att vinna och förlora. Små grupper tenderar att ta större risker än enskilda personer eftersom de får dela på fördelarna samtidigt som de undviker att ta på sig skulden. Men stora grupper kan försöka undvika risker eftersom de fastnar i vanemässiga, traditionella sätt att göra affärer.

Att undvika risker är inte det viktigaste målet för ett företag. Syftet med ett företag är att ta risker och dra nytta av den högre avkastningen av dessa risker. Det är därför som den entreprenöriella metoden för att göra investeringar är attraktiv för tillväxtstrategin. Och det är därför som stora organisationer försöker ta tillbaka risktagandet i små grupper. De förstår att det ofta är lika riskabelt att inte göra något som att göra något.

Kontext

En del risker kommer utifrån, men de flesta risker handlar om organisationens förmåga att fullfölja sin plan. Den riskfyllda delen är att framgångsrikt anpassa sig till marknadens behov och krav. Risken ligger i att hantera konkurrenternas framfart samtidigt som man lyckas leverera produkter och tjänster som kunderna vill köpa. Och att hålla aktieägarna nöjda.

Strategi innebär att man sätter upp mål, och risken är skillnaden mellan dessa mål och organisationens förmåga att uppnå dem. En del av risken skapas alltså av strategin. Det innebär din förmåga att tänka på hur olika delar av din plan passar ihop med vad ditt företag kan göra.

- Vilka risker ligger utanför din direkta kontroll?
-
- Vilka risker har du direkt kontroll över?
-

Hur kan du hantera förändringar som ligger utanför din kontroll? Hur kan du förutse externa förändringar?

Som strateg är det din uppgift att inse riskernas kostnader och fördelar. Fördelarna är lika viktiga som kostnaderna. Din strategi kommer att ha osäkra resultat, men du kan försöka bedöma vinsterna och hur du ska få dem.

Nästa uppgift är att jämföra det du vill åstadkomma med de förmågor och resurser du har tillgång till. En del av detta kommer att vara pengar och utrustning, men det mesta kommer att vara företagets kompetens, engagemang, processer och kultur. En del av detta kommer att handla om förmågan att göra det som är nödvändigt, och en del kommer att handla om organisationens vilja att vidta åtgärder som har ett osäkert resultat.

Utmaning

Den första utmaningen är att se klart på olika riskkällor. Som vi redan har diskuterat finns vissa inom och andra utanför organisationen.

Om klyftan är stor mellan ambitioner och prestationer ökar risken för att inte lyckas. Om toppgruppen är mycket likartad kan de undvika risker eftersom de är bekväma med status quo. Likheter kan dock också öka riskviljan om de känner sig alltför självsäkra i sin egen syn på världen. Detta är inte nödvändigtvis bra eller dåligt - det beror på situationens behov. Du bör bara vara medveten om gruppdynamiken i samband med osäkerhet så att du kan reagera på den på ett sätt som är användbart för dina mål.

Om kompetensen är tillräckligt hög minskar kapacitetsgapet. Detta kan minska riskerna genom att öka prestationerna, men det kan också öka ambitionerna till ohållbara nivåer. Allt detta kommer att påverka den risk som är inneboende i strategin. Det är klyftan mellan strävan och förmåga som i slutändan är källan till risk.

Vissa organisationer använder olika metoder för att analysera risker. Dessa inkluderar nettonuvärde (NPV) (behandlas inte i denna bok) där subjektiva bedömningar av risker ges numeriska värden som är föremål för en simuleringsmetod. Metoden är dock fortfarande subjektiv och behandlar inte komplexa val.

För komplexa val har beslutsträd använts. Alternativa alternativ och förändringshändelser identifieras tillsammans med sannolika prestationer och resultat. Liksom NPV kan dessa träd antingen vara för enkla för att vara korrekta eller för komplexa för att vara användbara. De kan lura cheferna att tro att de har kontroll över framtiden. Lika viktigt är att de kan hindra cheferna från att tro att de intuitivt kan hantera klyftan mellan kapacitet och ambitioner.

Ett annat tillvägagångssätt är scenarioplanering (se sidan 198) där strategen använder fantasin för att "se" in i framtiden och utforma åtgärder som kan vidtas för att forma framtiden. Det handlar om att minska osäkerheten genom att vidta vissa åtgärder som organisationen har kontroll över.

Framgång

Strategen försöker hitta ett tillvägagångssätt som leder till aktiviteter som ger attraktiva resultat för organisationen och dess intressenter. Du lyckas om du kan tänka dig fram från det nuvarande läget till ett nytt läge som är bättre. Flytta dig från den plats där du befinner dig med det du har till den plats där du vill vara.

Du måste inse vad som är under din kontroll och vad som är utanför din kontroll. Du måste få en god förståelse för eventuella skillnader mellan ambitioner och resultat. Och du måste överbrygga denna klyfta antingen genom att öka ambitionerna så att människor är villiga att försöka uppnå mer, eller genom att öka prestationerna så att de kan uppnå det som önskas.

Fallgropar

Att ta för stor risk är när du inte har förmågan att göra det du har tänkt dig. Människor kan vara överdrivet självsäkra på grund av tidigare framgångar eller överdriven optimism på världsmarknaderna. Människor kan ta på sig för mycket eftersom de antingen överskattar kollegors förmåga eller underskattar uppgiftens svårighetsgrad. Detta förvärras om bristande öppenhet eller överdriven artighet hindrar människor från att uttrycka sina farhågor. Försvarstagande kan leda till okunskap som ökar riskerna.

Det är ett lika stort problem om ambitiösa projekt och mål inte genomförs. Avkastningen för företaget blir låg och kan vara för låg för att företaget ska kunna hållas säkert. Aktieägarna kan finna detta oacceptabelt och företaget kommer inte att överleva om överdriven försiktighet förlorar marknadsandelar och vinst. Strategens och ledningsgruppens uppgift är att minska osäkerheten på de områden som de direkt kan påverka för att kunna sträva efter attraktivt svåra mål.

Checklista för strateger

- Identifiera de områden som ligger inom och utanför din kontroll.
-

Bedöma graden av osäkerhet inom och utanför organisationen. Titta på listan med frågor i detta avsnitt. Diskutera dem med ditt team och fundera över den troliga riktningen för förändringarna. Tänk på hur organisationen kan hantera oväntade och förväntade problem. • Jämför resultatförhoppningar och förväntningar. Om ambitionerna är större än förväntningarna, fundera på hur man kan minska klyftan genom att öka prestationen eller minska ambitionerna på kort sikt. Om förväntningarna är högre än ambitionerna bör man överväga hur man kan höja ambitionerna. • Använd verktyg för scenarioplanering (se sidan 198) för att överväga hur strategier kan öka eller minska riskerna i framtiden. Använd femkraftsmodellen (se sidan 184) för att identifiera krafter som kan öka eller minska riskerna för din konkurrensposition.

• Utforska användningen av riskanalys och verktyg för beslutsfattande (NPV och beslutsträd). Stoppar de lämpliga nivåer av risktagande?

Skulle de vara till hjälp för att förbättra förståelsen av riskerna?

• Tänk på företagets förmåga att göra det som krävs enligt strategin. Tänk också på kulturens och kompetensens förmåga att anpassa sig till oförutsedda problem, särskilt om strategin är ambitiös.

Relaterade idéer

Nassim Taleb hävdar i sin bok The Black Swan att människor har en felaktig syn på risker. Detta innebär att de tar risker som de underskattar och undviker risker som de överskattar. Detta förvärras av bristande information, personliga rädslor och gruppdynamik.

Om du är medveten om dessa tendenser kan det hjälpa dig att vidta den typ av åtgärder som dina konkurrenter är rädda för att försöka, samtidigt som du inte tar några dumma risker. Detta är vad entreprenörer gör instinktivt eftersom de uppvisar en form av funktionell impulsivitet tillsammans med en överlägsen förmåga att känna igen mönster.

Tyvärr tycker många organisationer att det är lättare att vara ledningsansvariga än entreprenörer. Chefer kan fortsätta att investera i ständiga förbättringar som ständigt misslyckas. De kan också avstå från att investera i mer radikala innovationer, även om det är mer riskfyllt att gå långsamt fram än att gå för fort fram.

Men enligt forskning som leds av Sucheta Nadkarni vid Cambridge Judge Business School, när nya möjligheter dyker upp och försvinner i snabb takt, kommer du ofta att belönas för din aggressivitet i konkurrensen. I sådana miljöer hjälper strategisk brådska dig att anpassa dig så att du hinner med framtiden i tid.

Titta över axeln

Strategier konkurrerar med strategier. Organisationer konkurrerar med andra organisationer. Du måste vara medveten om vad konkurrenterna gör. Du måste veta vad kunderna gör. Paranoid anpassning är en del av strategispelet. Titta uppåt, nedåt, bakåt och framåt.

Frekvens: Regelbundet.

Viktiga deltagare: Du.

Netflix har drivits av en passionerad önskan att prova nya saker. De vet att någon någonstans gör något som hotar deras överlevnad, så de är villiga att kannibalisera sin egen verksamhet. De kallades för en värdelös skit av analytiker som trodde att konkurrenterna skulle komma ikapp. Så de gick snabbare. Med mer än 150 miljoner abonnenter globalt, genom att titta över axeln, använder Netflix kritik och hård ny konkurrens från Disney, Apple och Amazon för att motivera till ständig återuppfinning av sin - hittills - vildsinta framgångsrika strategi.

Mål

En strategi bör inte skapas i ett vakuum eftersom en strategi inte kan genomföras i ett vakuum. Konkurrensstrategi fungerar i ett sammanhang som skapas av konkurrenternas åtgärder (och sannolika åtgärder). Det är förvånande hur ofta ledare inte vet vad konkurrenterna gör eller varför.

- Vad gör dina konkurrenter?
- Vad gör de bästa företagen i världen?

Vad gör andra företag bättre än du?

Dessa frågor är en bra utgångspunkt. Du bör handla i dina konkurrenters butiker. Du bör köpa dina konkurrenters produkter och använda deras tjänster. Tillbringa tid i deras lokaler. Få en ständig ström av idéer från konkurrenterna så att du kan lära dig av dem och ta reda på vad de gör bättre än du. Eller vad de bästa i världen gör. De bästa idéerna i världen finns inte i ditt huvud, din organisation eller din bransch. Så se dig omkring.

Var inte besatt av att kopiera konkurrenterna, men lär dig av dem. Du kan välja att anpassa det du hittar eller göra tvärtom för att differentiera din egen strategi. Du kan kombinera idéer från olika konkurrenter och skapa något nytt.

Sammanhang

Få dina konkurrenter att verka verkliga. Gör dem levande. Verkliga, levande människor som försöker göra det bättre än du. Smarta människor som rör sig snabbare än du. Skapa en konkurrensvägg. Sätt upp deras logotyper. Sätt upp deras produkter. Förstora kritiken - även förolämpningarna. Använd den för att motivera kreativitet.

BlackBerrys före detta VD brukade placera sin egen produkt i mitten av rummet under möten. Tanken var att diskutera hur man kunde förbättra värdet av det som erbjöds kunderna. Tyvärr gjorde det dem också blinda för extern konkurrens och innovation. De satt fast inom gränserna för sina produkttraditioner. Det är bättre att ha de allra bästa av dina konkurrenters produkter runt omkring dig - och utmana dig att göra det bättre.

- Vad skulle du göra för att förbättra dina konkurrenters produkter?
- Vad är hemligheten bakom din framgång?
- Vad skulle konkurrenterna kunna göra för att utplåna dig?

Hur skulle du reagera på det sämsta eller bästa som din konkurrent kan göra?

När du hittar något som är lätt att göra är det bra. Men var riktigt intresserad när du hittar något som är svårt att göra. Det kan vara svårt på grund av tekniska eller praktiska svårigheter. Eller svårt att göra eftersom det skulle förstöra verksamheter (eller intäkter) som ni redan har. Men det är det som gör det attraktivt som strategi. Det kommer inte heller att vara lätt för konkurrenterna.

Utmaning

Många människor har svårt att fokusera på något utanför sin närmaste omgivning. De får betalt för att uppmärksamma de uppgifter som hör till deras arbetsbeskrivning. Arbetsdagarna är fulla av hur saker och ting görs här. Möten används för att granska framstegen i förhållande till projekten. Målen tenderar att ignorera vad som händer just nu - och vad som kan hända härnäst.

Det är inte lätt att se sig omkring. Det finns inte mycket tid, och mycket av det du kan se kommer att skapa mer arbete, beslut eller argument om vart du ska gå och vad du ska göra.

Chefer överlever ibland genom att inte ifrågasätta status quo. Ändå gynnas strategin av att man kan vända på antaganden. Den underlättas av att man tittar utåt för att hitta konkurrenters åtgärder som motiverar förbättringar.

Även om du tar dig tid att se dig omkring finns det fortfarande några utmaningar. Du måste fatta beslut (eller påverka någon annan att fatta dem) för att ta dig an konkurrenterna. Du måste skapa positiva åtgärder från paranoia. Och du måste undvika den typ av "me-too"-kopiering som försätter dig i en sämre position.

- Vilka är dina konkurrenter?
-
- Vilka konkurrenter motiverar dig?
-
- Vem gör det bästa arbetet inom din bransch?

Vem gör det bästa och mest spännande arbetet i någon bransch?

Det är viktigt att välja konkurrenter med omsorg. De kan inspirera dig att göra det bättre. De kan visa dig vad som är möjligt. De kan ge dig den där barnsliga kärleken till förbättring. De kan visa dig hur du gör det du verkligen behöver göra och ge dig en anledning att göra det.

Framgång

Du vet att du blir bättre på att titta dig över axeln (på konkurrenterna) när din känsla av brådska ökar. I stället för att titta på klockan - för att se hur mycket längre dagen kommer att bli - kommer du att titta på konkurrenterna för att se hur mycket längre tid du har på dig innan de hinner ikapp dig.

Vårt arbete har den betydelse som vi ger det. Ditt arbete kan betyda mer om du gör ditt arbete på ett sätt som konkurrerar med de andra i tävlingen. Det är roligare om du försöker göra det bättre än de personer i andra företag som bryr sig om samma saker som du gör.

När du ser dig omkring vet du vilka hot som kommer innan de gör allvarlig skada. Du kommer att förstå mer om vad som gör konkurrenterna framgångsrika och vad som kan göra dem farligare i framtiden. Du kommer inte att falla i fällan att avfärda nya aktörer bara för att de är nya, eller underskatta traditionella aktörer bara för att de är gamla.

Fallgropar

Det är viktigt att inte vara besatt av konkurrensen om det hindrar dig från att göra ett bra arbete. Människor är olika. Vissa motiveras av vad konkurrenterna gör och vad som kan hända härnäst, medan andra oroar sig för saker de inte kan ändra på eller känner sig dåliga över det du gör. Uppmuntra till stolthet över allt det goda du gör. Skydda människor från verklig paranoia. Det är ditt jobb som ledare att titta dig över axeln då och då - tillräckligt ofta för att ge teamet ny energi och undvika faror.

Checklista för strateger

- Lista de bra (och dåliga) saker som dina konkurrenter gör.

Förstå hur de gör det de gör tillräckligt bra för att kunna bemöta dem.

• Lista de fantastiska saker som människor i andra branscher gör. Vilka är

dina inspirationer? Vilka produkter köper du? Vem beundrar du? • Gör konkurrensen verklig. Skapa en skyltdocka av en viktig konkurrent. Köp deras produkter och gör ett produktbord som folk kan prova. Gör en vägg med konkurrenternas annonser, tjänster och särskilt deras kritik av dig. • Håll korta möten för att titta dig över axeln. Håll långa möten med hjälp av scenarier. Utforska hur ni kan bemöta konkurrenternas bästa arbete. Fundera på hur du kan reagera på möjligheter.

Relaterade idéer

Andy Grove, före detta vd för Intel, skrev boken Only the Paranoid Survive (Endast de paranoida överlever). Han hävdar att en strategi måste svara på oundvikliga förändringar i konkurrenslandskapet genom att visa en slags paranoid flexibilitet. Detta tillvägagångssätt gör det möjligt att överleva genom att vidta smarta åtgärder vid strategiska vändpunkter och omvandla dem till möjligheter att forma framtiden (se sidan 188). En sådan strategi med hög anpassningsförmåga är särskilt viktig med tanke på vad Richard D'Aveni, Giovanni Dagnino och Ken Smith kallar en "tidsålder av tillfälliga fördelar". Fråga dig själv, som de föreslår, vad som händer när det inte finns några hållbara konkurrensfördelar.

Att veta var gräset (verkligen) är grönare

Det är ganska troligt att det som tidigare gav ditt företag pengar kommer att sluta ge pengar någon gång. Nya produkter ersätter gamla produkter. Helt nya tjänster kommer att ersätta gamla tjänster. De bästa platserna att sälja dina produkter kommer att förändras. Och de kunder som betydde så mycket kommer att sluta (eller börja) köpa. Du måste veta när (och hur) du ska byta fokus.

Frekvens: Kvartalsvis, regelbundet.

Viktiga deltagare: Ledningsgrupper.

Intel tjänade miljarder genom att framgångsrikt dominera marknaden för stationära datorer. Gräset har varit mycket grönt på deras sida av staketet, men det finns nu fler människor som använder mobila enheter än stationära datorer. Och sakernas internet, som förbinder allt från robotar till säkerhetssystem och din självkörande bil, är större än människornas internet. Intel vet att gräset är grönare på andra sidan. Genom att investera i nätverksbaserade serverfarmer - molnet - har Intel framgångsrikt dominerat ett nytt grönt område som gör att de kan fortsätta att vara relevanta. Du måste veta när detta gäller för ditt företag, så att du, liksom Intel, vet när du ska flytta ditt fokus till nya marknader. Att veta garanterar inte framgång, men att inte veta garanterar oftast misslyckande.

Mål

Att veta när man ska fokusera på nya marknader är en mycket viktig del av konkurrensstrategin. Ofta är det en fråga om stora perspektiv - inte något som borde förvåna dig. Det bör inte vara en oplanerad möjlighet eftersom man bör kunna se denna typ av marknadsrörelse i förväg. Och det bör egentligen inte handla om att reagera (se sidan 31) eftersom det ofta handlar om långsiktiga trender.

- Växer, stagnerar eller krymper din befintliga marknad?
-
- Är konkurrensnivåerna växande, stabila eller minskande?

Var finns de marknader som växer snabbare än din?

Om din marknad växer tillräckligt snabbt för att passa alla är gräset grönt nog, men en nedgång på marknaden kommer att orsaka problem. Till och med en stagnation på marknaden kommer att kräva förändringar så småningom, och om dina konkurrenter växer in på nya marknader kommer de att komma tillbaka med nya resurser som kan hota dig.

Sammanhang

Om din marknad fortsätter att växa kommer det att ge nya möjligheter till expansion i framtiden. Som strategisk tänkare vill du ha idéer om när och var du ska expandera.

Det kan vara så att din marknad växer tillräckligt snabbt, men att dina konkurrenter växer ännu snabbare. Slutresultatet kan ändå bli ett verkligt problem för ditt företag. En relativt liten minskning av marknadsandelen kan få stor inverkan på din lönsamhet, och dina konkurrenter kan använda denna marknadsandel för att driva sin egen expansion i en tillväxtcykel som återigen kan vara skadlig för ditt företag.

Var särskilt uppmärksam på nya konkurrenter. Det är personer som har upptäckt något som är attraktivt på din marknad. De kan ha kommit från andra marknader för att leta efter "grönare gräs". De kan ha upptäckt möjligheter att göra något fantastiskt som du ännu inte har sett.

Alla marknader som växer snabbare än din egen är värda att titta närmare på. Ett strategiskt beslut att gå in på en snabbväxande marknad är värt att överväga. Det kan vara en liten marknad som kommer att bli större än din så småningom, eller en stor marknad som fortfarande växer. Det kan vara en marknad som liknar er, eller ett segment av en befintlig marknad, eller en marknad som är extremt annorlunda, men som kan eftersträvas genom att investera vinster från era befintliga marknader.

Utmaning

Det är svårt för vissa människor att offra det de har nu (det gröna gräset) för det som kan finnas på andra sidan staketet. Om de har haft framgång på den befintliga marknaden måste de övertygas om att det är dags att utforska nya marknader. Du måste ge ett starkt argument.

- Hur snabbt växer den nya marknaden?
-

Vad händer om du ignorerar nya marknader?

En del av att vara en strategisk tänkare är att bli en strategisk presentatör (se sidan 22). Du bör överväga den starkaste statistiken och trenderna på olika sidor av argumentet för nya marknader. Det viktiga är att kunna klargöra situationen så att det bästa (inte perfekta) beslutet kan fattas.

- Var växer den nya marknaden? Vilken är tillväxtens geografiska
- område?
-
- Vilka demografiska faktorer driver tillväxten?

Vilka är de viktigaste konkurrenterna på den nya marknaden?

Vilka konsumenttrender är viktigast för den nya marknaden?

Det är viktigt att förstå den nya marknadsmöjligheten, men det är ännu viktigare att förstå hur man får den nya marknaden att fungera för företaget. Nästa steg är att utforska framgångsreceptet och överväga hur man kan dra nytta av den nya marknaden.

- Har du vad som krävs för att vinna på den nya marknaden?
-
- Vad krävs för att skaffa sig de rätta färdigheterna och kunskaperna? Hur fokuserar man på två marknader samtidigt?

Framgång

Att känna till sin egen marknad är en början. Du känner till dess storlek, din marknadsandel och dina fördelar, och du vet samma sak om dina konkurrenter. Du kommer att veta om du är i kläm mellan konkurrerande krafter. Du kommer att veta hur det kan ske i framtiden. Du kommer att förstå de viktigaste trenderna på din marknad och hur de kan förändra din positions attraktivitet.

Ditt företag känner också till en rad andra marknader. Du kommer att veta vilka marknader som ligger närmast dig: deras storlek, tillväxt, demografi och viktiga trender. Du kommer också att känna till de snabbast växande marknaderna i andra branscher. Tillväxten kan innebära både möjligheter och hot. De snabbast växande områdena kommer sannolikt att påverka till synes icke-relaterade branscher.

Du kommer att veta vad som krävs för att konkurrera och vad som krävs för att ta sig in på nya marknader, och ditt företag kommer att ha en bättre förståelse för framtida beslutspunkter. När är det klokt att gå in på nya marknader?

Fallgropar

Du kan misslyckas. Alla snabbväxande marknader är inte lämpliga för den erfarenhet som ditt företag kan erbjuda. Du kanske ser en möjlighet. Alla kan vara överens om att något måste förändras, men det betyder inte att du vet hur. Ni kanske saknar de strategiska resurserna (se sidan 192) eller kunskapen eller processerna eller relationerna för att göra resan. Varje ny marknad har hinder för inträde.

Alternativt kan prognoserna för den nya marknaden helt enkelt vara för optimistiska. De kan ändras snabbt. Tillväxten kanske är mindre än väntat, eller så kommer det en ström av nya konkurrenter som har sett vad du har sett. Resultatet blir lägre marginaler och vinster än vad du trodde.

Checklista för strateger

• Undersök den sannolika tillväxten på din befintliga marknad. Överväga vad denna

kommer att betyda för ditt företag i framtiden. Tänk på vad företaget kan göra strategiskt för att uppnå sina mål om marknaden skulle avta.

• Utforska alternativa snabbväxande marknader. Börja med de marknader som ligger närmast dina befintliga produkter och tjänster. Tänk sedan på de snabbast växande marknaderna i världen. Undersök hur befintliga produkter kan säljas på nya marknader. Se hur ni skulle kunna utveckla nya produkter.
• Se till att möjligheterna är verkliga. Det är viktigt att du inte flyr från hårt arbete (eller hårda beslut) på din befintliga marknad. Du kanske upptäcker att din nya marknad är mycket svårare än den du lämnade bakom dig. • Se till att du vet vad det kostar att inte göra någonting (eller att stanna kvar på din befintliga marknad). Även om den nya marknaden är svår kan det vara

värt att experimentera. Det finns risker med att förändra sig och att inte förändra sig.

Relaterade idéer

Michael Porter identifierar fem krafter som förändrar var gräset är som mest grönt: Befintliga konkurrenter - hur väl de konkurrerar; nya aktörer - ökad konkurrens eftersom fler konkurrerar; substitut - minskad konkurrens eftersom folk inte behöver det du gör; leverantörer - som gör livet lättare eller svårare beroende på efterfrågan och utbudet av deras produkter; och köpare - vars efterfrågan på dina produkter beror på deras inkomster och räntor (se sidan 184).

Vad du gör som svar på dessa fem krafter handlar om beteendestrategins psykologi. Detta omfattar, som Thomas Powell påpekar, ekonomins rationalitet (reduktionism), gruppers politik (pluralism) och individers mentalitet (kontextualism).

Strateger ser det som andra missar. Strategiskt tänkande är skillnaden mellan bra chefer och bra ledare.

Del tre

Skapa din strategi

Vid en viss tidpunkt vill du skapa en strategi för att ta dig från din nuvarande position till den position du vill ha. Även om du är helt nöjd där du är, behöver du ändå en strategi för att hålla dig kvar där. Andra människor skapar strategier och gör vågor som kan förändra din situation.

En del av att skapa en strategi är att se helheten. Du vill ta dig tid att se bortom dagens omedelbara uppgifter, och om du tar dig den tiden kan du se dina uppgifter i ett sammanhang med marknaden eller den övergripande situationen. Du kan definitivt agera utan att veta var du befinner dig, men det underlättar om du kan forma dina handlingar efter den situation du befinner dig i. Och det är där som strategi hjälper till.

I den större bilden kommer du att leta efter vart du vill komma - din önskade position. Din strategi kommer att ha en övergripande strategisk avsikt och inriktning. Använd de viktigaste strategifrågorna för att hitta en riktning som ger dig det du verkligen vill uppnå.

Att skapa en strategi handlar också om att hitta fördelar - att upptäcka något du kan göra som gör det du gör värt eller lönsamt. Du kan aktivt leta efter överlappningar mellan vad du vill bidra med och vad företaget säger sig vilja åstadkomma.

Du kan skapa en strategi som gör det möjligt för dig att göra något som världen vill ha samtidigt som du överlever och blomstrar i affärsverksamheten. Värde och vinst är inte automatiskt samma sak. Strategi gör det möjligt för dig att beakta skillnaden mellan den övergripande effekten av åtgärder och den snäva strävan efter kortsiktiga affärsmål. Det är viktigt att inte vinna kvartalet och förlora decenniet.

Den strategi som du skapar är aldrig färdig. Den är en levande uppsättning svar på de grundläggande, kraftfulla strategifrågorna. Ni måste reagera på händelser och anpassa er till konkurrenterna om gruppens övergripande avsikter ska kunna förverkligas på ett produktivt sätt.

Du måste fatta strategiska beslut om vad du ska göra med den större bilden. Du behöver inte bestämma allt, men det finns vissa beslut som är till hjälp för din framgång. Det finns beslut som kommer att fokusera dina medarbetare på att uppnå ett visst mål. Och det finns smarta beslut som gör dig redo att göra nya stora saker i framtiden.

Att se den stora bilden

Strateger tänker på helheten. De tänker på mer än listan över saker att göra, eller produktionsschemat, eller planen för de närmaste månaderna. Strateger är intresserade av det långsiktiga - vad som kommer att hända om ett år, ett decennium och ett århundrade. De är också intresserade av saker som händer utanför deras företag, land och bransch.

Frekvens: Regelbundet. Ta en paus.

Viktiga deltagare: Du och din chef.

Idén till Twitter kom från en brainstormingdag med stora visioner. Anställda från ett podcastföretag funderade på strategi och hur de skulle kunna överleva i hård konkurrens från Apple. En av dem kom med en idé om en sms-tjänst. Företaget beslutade att ta fram en prototyp och senare köpte gruppen företaget. Tretton år senare har de över 325 miljoner användare och en värdering på 25 miljarder dollar. Twitters framgång berodde på att man såg bortom den befintliga planen.

Mål

Att tänka på helheten (och vad man ska göra åt den) är en viktig del av strategin. Det är kärnan i att vara en strategisk tänkare att kunna se upp från vardagen och verkligen se andra möjligheter.

Att få det dagliga arbetet gjort kan visa sig vara mycket mindre viktigt för dig och ditt företag än vad det verkar vara idag. Det kan finnas faror i det större sammanhanget som gör att det du gör blir slöseri med tid. Det kan finnas möjligheter som gör dina befintliga mål relativt oviktiga.

Se framåt

Att utforska framtiden är en del av den större bilden. Vad kommer sannolikt att hända med ditt företag om de nuvarande trenderna fortsätter? Vad händer om de nuvarande antagandena är felaktiga? Hur länge kan ni klara er om en viktig marknad försvinner? Vilka fantastiska saker kan hända om ni ändrar riktning?

Syftet med att se framåt är att bedöma när det är bättre att ändra sig. Om du ser framåt kan du dra nytta av möjligheter i framtiden. Du kan bättre förstå konsekvenserna av händelser i dag om du har ett framtida sammanhang - en större bild - mot vilken du kan förstå dem.

Titta bakåt

Att tänka på det förflutna är en annan del av den stora bilden. Varifrån kommer företagets framgång? Vad har fungerat sedan företaget startade? Vad har misslyckats? Vilka projekt har man försökt genomföra? Hur har det förflutna lett till den situation som företaget befinner sig i nu? Vilka lärdomar kan man dra av detta? Vilka lärdomar måste man lära sig av?

Syftet med att titta bakåt är att bättre förstå varför företaget är som det är och gör som det gör. Det är lättare att se trender över tid. Det är också lättare att förstå människors ståndpunkter och perspektiv om man vet vad som har hänt i företagets liv.

Titta utåt

Att flytta uppmärksamheten utanför ditt företag, din marknad eller ditt land är en viktig del av den stora bilden. Vilka är de snabbast växande trenderna i världen? Vilka sociala förändringar kan påverka ditt företag? Vad gör konkurrenterna? Vilka är de nya normala sätten att göra saker och ting? Är ni på väg att hamna på efterkälken? Vem kan du lära dig av?

Syftet med att titta utåt är att se vad andra människor saknar. Du bör läsa tidskrifter och artiklar från andra branscher. Du bör experimentera med teknik som inte har något med ditt arbete att göra. Det är en bra idé att resa, fotografera och bli nyfiken på omvärlden.

Kontext

På jobbet begränsar många människor sin syn på världen till det jobb de gör och det team de tillhör. Detta är den mindre bilden. De ser inte hur det de gör bidrar till resten av verksamheten. De ser inte hur de skulle kunna ändra det de gör för att hjälpa andra delar av verksamheten. Och de ser inte heller hoten mot deras jobb från förändringar som är en del av den större bilden. Det är alltså värt att ställa några frågor:

- Vad är företagets officiella (eller formella) strategi?
- Hur bra går det för företaget och branschen?
- Vad säger andra om ditt företag och din bransch? Hur bidrar ditt arbete (och ditt teams arbete)?

Det finns många andra frågor som du skulle kunna ställa dig. Det viktiga är att du tänker på helheten så att du kan fatta bättre beslut och vidta effektivare åtgärder. Om du inte tar hänsyn till helheten tänker du inte som en strateg (se del två) och du kommer inte att kunna dra nytta av möjligheter eller undvika hot som kommer i din väg.

Utmaning

Det är viktigt att se framåt, bakåt och utanför företaget för att se helheten, men det är bara början. Nästa steg är att förenkla de olika detaljerna till en helhetsbild som hjälper dig att förstå vad som händer.

Denna förenklade modell av världen gör det också lättare för andra människor att se helheten. Om de ser den stora bilden som en enkel modell kan ni diskutera vad som ska hända härnäst med mindre förvirring. Du kan planera en strategi med en tydligare förståelse för hur dina handlingar är tänkta att forma framtiden, och du kan få stöd för dina strategiska idéer eftersom människor har en klar uppfattning om dina argument.

Det är värt att betona att den stora bilden bör representeras visuellt - det bör vara en stor bild av företaget och dess plats i världen. Att se den stora bilden innebär att man noggrant tittar på händelser och möjligheter, men det är mycket lättare att dela med sig av den stora bilden om den är grafisk. Detta är ett av skälen till den bestående populariteten hos de bästa modellerna som presenteras i den här boken (se del sex:

Verktygslådan Strategy Book).

Den stora bilden

Strategin drar lärdom av det förflutna för att nu vidta åtgärder för att medvetet forma framtiden. Den stora bilden omfattar flera olika aktivitetsflöden som kommer att påverka din framgång. En del finns inom gruppen och en del utanför.

Åtgärder leder till resultat. Dessa resultat bör leda till att man tänker efter. Och det tänkandet bör leda till förändringar i handlingarna som för dig närmare den framtid du vill ha.

Saker och ting blir mer strategiska när de är större i skala - större. Och när de är mer avlägsna i omfattning - längre bort. Och när de ordnar åtgärder på ett mer sammanhängande sätt.

De fem stora (grundläggande) frågorna är en bra utgångspunkt. Var befinner vi oss? Vad vill vi ha? Vad ska förändras? Hur ska vi ändra oss? Och hur ska vi mäta? Använd den snabba strategidokumentationen (se sidan 181 i verktygslådan).

Samtidigt kommer kulturen i din grupp att påverka de åtgärder som vidtas och påverkas av resultaten av dessa åtgärder. Kulturen består av fyra delar: vanor, traditioner, regler och kunskap.

Det ultimata testet på strategi är hur du lyckas anpassa dig själv till omständigheterna och omständigheterna till dina önskemål. Detta innebär att man måste inse att man måste anpassa sig, förstå vilken typ av anpassning som krävs och anpassa sig efter behov i den verkliga världen.

Framgång

Du vet att du blir bättre på att se helheten när du kan passa in nya delar av informationen i din mentala helhetsbild av verksamheten. Du läser om en händelse och vet hur den sannolikt kommer att påverka företagets befintliga (och framtida) planer. Och du kommer att börja upptäcka möjligheter eftersom du blir skicklig på att föreställa dig olika scenarier.

Du kommer också att kunna rita enkla bilder som representerar ditt företag. Det behöver inte vara vackert, bara ett funktionellt diagram som visar hur ditt företag fungerar och vilka påfrestningar, hot och möjligheter det står inför. Det är viktigt att du kan kommunicera din version av den större bilden med andra för att få stöd.

Du kommer att vara känd som en person som ser helheten och, vilket är lika viktigt, du kommer att kunna tillämpa dessa idéer på det politiska klimatet så att du kan se vilka sätt som är bäst för att påverka andra. Den som tänker strategiskt bör kunna tillämpa dessa idéer på personliga och affärsmässiga ambitioner.

Fallgropar

Det kan bli komplicerat att se till helheten. Det kan finnas så många saker att ta hänsyn till att du inte vet vad du ska göra, eller ens vad som egentligen pågår. Därför är det så viktigt att du använder verktygen i den här boken för att förenkla helhetsbilden. En strateg kan inte gå vilse i detaljerna, du måste höja dig över dem och på så sätt skapa mening i fågelperspektivet. Du måste tillhandahålla en tydlig karta som hjälper andra att förstå den stora bilden och göra något åt den.

Checklista för strateger

- Ta reda på din organisations formella uppdrag och strategi (se sidan 238).
- Tänk på hur din roll bidrar till företagets framgång. Använd SWOT
- (sidan 182), de fem krafterna (sidan 184) och scenarioplanering (sidan 198) för att bättre förstå helheten och ha något att dela med dig av till dina kollegor.
- Undersök framtiden, det förflutna och nuet för att leta efter delar av den stora bilden som påverkar din organisation.
- Sammanställ dem i ett diagram eller en skiss som visar hur din verksamhet fungerar och hur den kan komma att förändras i framtiden.
- Identifiera viktiga trender och händelser. Diskutera regelbundet med ditt team.

Relaterade idéer

Clayton Christensen hävdar i The Innovator's Dilemma att många företag som lyssnar på sina bästa kunder och arbetar med att bygga nya produkter för dem är blinda för helheten. Framgången med att göra det man gör hindrar en från att se vad man bör göra härnäst. Detta är en bias, mot vanebaserad tröghet, som utforskas i The Innovation Book.

Att hitta position, avsikt och riktning

Det är viktigt att känna till svaren på flera frågor: Var kommer du att konkurrera i förhållande till dina konkurrenter? Vad tänker ni uppnå som en del av den större bilden? Och från den plats där ni befinner er, vilken riktning vill ni följa och i vilken takt?

Frekvens: Årligen med regelbunden översyn.

Viktiga deltagare: Toppteam med organisation.

Apple var på nedgång. Företaget hade inga idéer och var förvirrat över sin ställning på marknaden. Apple byggde grå, fula datorer och försökte sälja dem till dubbelt så högt pris som Windows-datorer. Steve Jobs kom tillbaka och det hjälpte. Jony Ives - en industridesigner från traditionen "less is more" - utformade den godisfärgade iMac:n och det hjälpte. Men det var först efter den lyckliga succén med iPod som Apple verkligen kunde utveckla sin distinkta strategiska position av enkelhet, kreativitet och mänsklighet som gav upphov till iPhone, iPad och Apple Watch. Som ett resultat av detta blev Apple världens första företag med en triljon dollar.

Mål

Det är bra att veta vad du försöker göra. Detta inkluderar att fastställa specifika mål och enskilda uppgifter som ska utföras. Men strategi handlar om sammanhängande, kumulativa uppgifter som är värda mer än summan av sina delar. Värdet av enskilda åtgärder är relativt till konkurrenternas åtgärder och konsumenternas behov.

De som arbetar med dig vill veta hur du passar in i deras syn på marknaden. Kunder som köper dina produkter och tjänster behöver också få en uppfattning om hur dina produkter skiljer sig från konkurrenternas. Dina kollegor behöver veta vad du försöker uppnå (och inte uppnå) så att de kan bidra på ett effektivt sätt.

Att välja en strategisk position som är distinkt kan också hjälpa dig att undvika direkt, kontraproduktiv konkurrens, men bara om positionen är tillräckligt annorlunda för att hindra konkurrenterna från att komma tillbaka till dig för snabbt. I exemplet med Apple lyckades företaget skapa en kombination av produkt- och tjänsteegenskaper som visade sig vara mycket svåra att kopiera flera år efter att företaget etablerat sin ursprungliga position.

Kontext

En del av arbetet med att hitta en position handlar om att veta vad du vill uppnå och formulera det på ett sätt som alla (eller de flesta) kan förstå. Det är strategins orienteringsdel, att låta människor veta var de står i förhållande till vart man vill att företaget ska gå.

Uppdragsbeskrivningar har fått ett dåligt rykte, men det beror bara på att de ofta skapas utan någon meningsfull koppling till vad företaget egentligen vill göra. De är meningslösa, och ännu värre - de gör de människor som arbetar för organisationen besvikna.

Ändå kan uppdragsbeskrivningen (liksom strategin på en sida - se sidan 154) vara en kraftfull uppmaning till samling. Det kan göra det möjligt att bedöma efterföljande beslut och åtgärder i förhållande till den övergripande strategiska avsikten.

Apples uppdragsbeskrivning i ett stycke innehåller påståenden om att de har designat världens bästa persondatorer, att de leder revolutionen av digital musik, att de återuppfann mobiltelefonen med sin iPhone och App Store och att de definierar framtidens mobiltelefonsystem med sin iPad.

Uppdragsbeskrivningen är ett slags strategihistoria. Det visar riktningen från den ursprungliga avsikten att konstruera "de bästa" persondatorerna till att leda den digitala revolutionen. Och sedan hur mobiltelefonen uppfanns på nytt, vilket ledde till den nuvarande strategiska avsikten att definiera mobilens framtid med sin magiska iPad.

De bästa avsiktsförklaringarna förändras med tiden, men de definierar organisationens positionering, avsikt och riktning. De skapar klarhet för anställda, partner och investerare. Kunderna kan också erbjudas en förkortad version.

Apple har använt sloganen "This changes everything, again" för en ny version av sin iPhone och "Magical and revolutionary device at an unbelievable price" för sin ursprungliga iPad. Denna typ av samstämmighet bidrar till att strategin blir framgångsrik.

Utmaning

Att hitta en strategisk position handlar om mer än en uppdragsbeskrivning. Utmaningen är att förstå kombinationen av egenskaper som du erbjuder kunderna. Apple designar de "bästa" datorerna och använder ord som "magisk" och "revolution", medan Dell talar om att vara det mest framgångsrika företaget och om marknader och kundupplevelse.

De två företagen erbjuder mycket olika strategiska positioner som bygger på mycket olika prioriteringar. Apple konkurrerar genom att utforma de bästa enheterna medan Dell konkurrerar genom att leverera den bästa kundupplevelsen. Apple strävar efter att bli bäst i världen medan Dell vill vara mest framgångsrikt i världen och bäst på de marknader som företaget betjänar.

Om du är nyanställd på Dell bör du veta att företaget i första hand är intresserat av ekonomisk framgång och marknadsandelar före design och att det vill ha en kundupplevelse som överträffar de närmaste konkurrenterna. Det prioriterar inte att ha den bästa tekniken, den bästa designen eller magiska upplevelser.

Apples strategi kan leda till större ekonomisk framgång, men det är inte den positionering som företaget har valt. Dell-strategin kan leda till magisk design, men det är inte den strategiska avsikten bakom företagets åtgärder.

Logiken och de sannolika konsekvenserna av varje strategi och uttalande kommer att påverka de anställdas, partners och kunders agerande. Därför är det värt att noga (och kreativt) överväga deras formulering och avsikt.

Framgång

Du bör välja ett par viktiga egenskaper för ditt varumärke (och din organisation). Apple valde "design" och "ledarskap". Om Dell jämförde sig med dessa egenskaper skulle företaget prioritera design och ledarskap lågt. Dell är mer intresserad av ekonomisk framgång och relativ kundupplevelse.

Dina nyckelegenskaper bör göra det möjligt för dig att mäta din framgång och jämföra dig med andra på liknande marknader (se sidan 109).

Positioneringen måste orientera människor i verksamheten (se sidan 210) så att de vet åt vilket håll de är vända och i vilken riktning de ska färdas. Den måste också vara animerande så att de motiveras att göra en kreativ och engagerad insats och att göra denna insats på ett sätt som hjälper organisationen.

Du kommer att känna till de viktigaste egenskaperna som kommer att vägleda dina ansträngningar och din strategiska inriktning. Det kan handla om högt pris och låg kvalitet, magisk design och högt varumärkesvärde eller högt mode och medelhög kvalitet. Det finns otaliga sätt att konkurrera när det gäller positionering så en fullständig lista kan inte erbjudas. Det viktiga är att ha tagit hänsyn till de viktigaste branschegenskaperna och sedan fundera på vilka ytterligare unika egenskaper du vill göra till dina egna.

Utifrån denna information kan du bygga upp en strategisk positioneringskarta. Du kan visa var din organisation befinner sig jämfört med andra på marknaden och du kan grafiskt visa var din organisation vill vara i framtiden.

Dell brukade till exempel erbjuda design av medelkvalitet till medelpriser.

De hade konkurrenter med låg design och lägre priser och konkurrenter, som Apple, med höga priser för högkvalitativ lyxdesign. Företaget var tvunget att bestämma sig för om det skulle försvara mitten, gå över till bättre design eller sänka sina kostnader. I slutändan bestämde man sig för att skapa nischade varumärken för billigast kostnad och lyxig design. Genialt kan vara att göra båda sakerna.

Twitter har sagt att dess uppdrag fortfarande är ett pågående arbete, men att man vill vara en plats där man kan ta del av det allra senaste om vad som händer i vår värld, vilket är en mycket tydlig strategisk avsiktsförklaring (se sidorna 57 och 206). Facebook, en viktig konkurrent, vill ge folket makten att dela med sig av information, vilket återigen skiljer sig från Twitter.

I idealfallet kommer dina ansträngningar för att positionera dig att göra det enklare att avgöra vilka åtgärder som passar din strategi och när du bör (eller inte bör) göra något. Det bör påverka hur saker och ting görs. Och den ska hjälpa till att vägleda enskilda personers och gruppers insatser. På så sätt kan människor arbeta mer självständigt inom ramen för strategins vägledande position, avsikt och riktning.

Fallgropar

Strategisk positionering verkar vara en enkel uppgift, tills du försöker skapa en position som är särskiljande. Det är lätt att hamna i en oklar position. Det är lätt att blanda ihop uttalandet med positionen med slogan. Det är också lätt nog att skapa uttalanden som kan uppfattas på mycket olika sätt, vilket leder till bortkastade eller kontraproduktiva ansträngningar.

När Microsoft till exempel talar om att "ge varje person och varje organisation på planeten möjlighet att uppnå mer", är det då omedelbart uppenbart vad de menar? Och om det inte är tydligt, hur bidrar det då till att åtgärderna blir strategiskt sammanhängande? Det kan omvandlas till något meningsfullt, men det kräver ansträngning. Om du bara ger läpparnas bekännelse till tjusiga uttalanden kommer du att förvirra i stället för att förtydliga (se sidan 154 om hantering av förändring).

Checklista för strateger

- Undersök noggrant (och kreativt) din position på marknaden. Utgå från en bred bild av vad din marknad omfattar. Tänk på vilka egenskaper som är olika på marknaden. Börja med kostnad och kvalitet. Utöka till andra skillnader som är viktiga.

- Ange var du passar in på en strategisk positioneringskarta. Är du billig eller av låg kvalitet? Eller hög kostnad, hög kvalitet? Eller har ni funnit ett sätt att leverera till låga kostnader och hög kvalitet? (Se sidan 70 om fördelar.)
- Fundera på hur du tydligt kan ange din positionering och dina avsikter på marknaden. Skriv ner det i en slogan på en rad. Se till att den kommer från en version med ett stycke som speglar den historiska inriktningen. Detta bidrar till att engagera talanger inom företaget.

Relaterade idéer

Michael Porter, professor vid Harvard Business School, hävdar att positionering är i stort sett allt inom strategi. När man väl vet var man vill konkurrera, följer alla beslut och åtgärder därifrån. Han har gett ett ramverk av generiska strategier som kan hjälpa till att fatta dessa beslut. Men ni behöver andra verktyg för att differentiera er på ett sätt som gör att ni kan lyckas (se sidan 175).

Ibland väljer strategerna verkligen den planerade vägen genom att hitta de resurser de behöver för att uppnå den position de vill ha. Men lika ofta, menar Saras Sarasvathy, professor vid Indian Institute of Management, använder entreprenörsstrateger de resurser de har för att skapa de önskvärda effekter som är möjliga.

Letar du efter fördelar?

Att följa branschens regler hjälper dig bara en bit på vägen. Om du fortsätter att tillverka produkter eller leverera tjänster precis som alla dina konkurrenter till ett pris som kunderna vill betala är det något. Men för en kreativ strateg är det inte tillräckligt. Du vill hitta en fördel, en konkurrensfördel som gör att du kan göra mer vinst och få ditt företag att växa.

Frekvens: Formellt kvartalsvis, informellt kontinuerligt.

Viktiga deltagare: Du och din organisation.

Aldi, den globala stormarknaden från Tyskland, tror att allt kan bli billigare, enklare och bättre. Och de agerar rigoröst enligt sin övertygelse - vad de kallar asketism - genom att göra saker och ting billigare, enklare och bättre. De säljer sina egna märken i stället för stora märken när det är möjligt. Inte både och. Den stör inte kunderna med kuponger och specialerbjudanden. Bara låga priser. Alla anställda deltar i ständiga förbättringar. Varje butik har endast tre olika jobb, truckförare, kassörska och ibland säkerhetsvakt. Företaget vill att det ska vara så enkelt, lätt och snabbt som möjligt att handla. Hittills har Aldi vuxit tack vare de långsiktiga fördelarna med strategisk enkelhet och tydlighet.

Mål

Målet är att hitta en uppsättning konkurrensfördelar som gör det möjligt för dig att först överleva och sedan blomstra. Det finns många olika fördelar i praktiken, men det finns tre generiska strategier som är värda att diskutera som utgångspunkt (se sidan 186).

Kostnadsledarskap innebär att du kan producera varan eller tjänsten till en lägre kostnad än alla andra konkurrenter. Du kan till och med dela kostnadsansvaret med några få nära konkurrenter om det finns tillräckligt mycket konkurrens på marknaden. Ett land kan till exempel vara den plats där kostnaden för en viss produkt är lägst, men det kan finnas flera olika konkurrenter i det landet. Det finns sällan en kostnadsledare på alla områden, men den generiska strategin är ändå en bra utgångspunkt.

Du kan uppnå ditt kostnadsledarskap genom att vara effektivare än andra konkurrenter. Denna effektivitet kan uppnås genom bättre processer eller tillverkningstekniker eller genom mindre slöseri med kvalitet. Låga kostnader kan också uppnås genom att använda billigare arbetskraft eller genom att lokalisera företaget närmare målmarknaden och minska transport- eller detaljhandelskostnaderna.

Differentiering innebär att du kan producera varor eller tjänster som skiljer sig från konkurrenternas. Ingen annan säljer det så du behöver inte oroa dig för att hålla dina kostnader lägre än konkurrenterna. Du kanske kan höja dina priser eftersom skillnaderna mellan dina produkter värderas så högt av dina kunder att de är beredda att betala skillnaden. Denna förbättring av efterfrågeelasticiteten har stora fördelar för din konkurrenssituation.

Du kan vara annorlunda på ett oändligt antal sätt. Din produkt kan vara mindre, större, snabbare, långsammare, tyngre, lättare, fulare eller vackrare. Den kan passa ihop med andra produkter på ett mer tilltalande sätt. Den kan marknadsföras av kändisar eller fantastisk viral reklam. Den kan vara bekvämare eller mer prestigefylld. Den kan komma i olika färger och mönster. Den kan vara effektivare, tystare eller ha ett antal nya funktioner.

Poängen med differentiering är att den måste värderas av kunden mer än konkurrerande krav på deras pengar och tid. Det måste också ha ett större värde än vad det kostar att producera den, så att du kan göra en vinst så att du kan fortsätta att tillverka produkten eller leverera tjänsten. Differentiering handlar om adjektiv och bedöms av den som betalar dig.

Fokus är den tredje generiska strategin. På sätt och vis är det en form av differentiering eftersom det handlar om att fokusera på en smal del av en marknad och hålla andra konkurrenter borta från den marknaden. Detta kan bero på naturliga geografiska begränsningar, t.ex. att vara den enda frisören i sitt område.

Oftast uppnås fokus genom att du differentierar dig i vem du riktar dig till genom att bygga upp reklam- och leveransprocesser kring dessa nischkunder. Och på lång sikt börjar man göra ytterligare förändringar av tjänsten eller produkten för att bättre uppfylla nischkundernas behov och önskemål.

Sammanhang

I teorin kan du bara välja en av de tre generiska strategierna. I praktiken överlappar de tre generiska strategierna varandra och kan kombineras.

När det finns en betydande skillnad i produktionskostnaden kan den användas med stor effekt. Detta gäller särskilt när denna betydande skillnad inte kan utjämnas på kort eller medellång sikt.

De japanska biltillverkarna blev många gånger mer kostnadseffektiva än sina västerländska konkurrenter. Kostnadsledarskap gjorde det möjligt för dem att underskrida sina konkurrenter och vinna marknadsandelar. Kostnadsledarskapet gjorde det också möjligt för dem att matcha konkurrenternas priser och få mycket större vinstmarginaler som de sedan kunde investera tillbaka i sina verksamheter. Dessa investeringar gjorde dem mer konkurrenskraftiga i en cykel som var positiv för Japan och utmanande för västvärlden.

Genom att kombinera generiska strategier kunde de japanska biltillverkarna börja med lågprisbilar som riktade sig till en nisch för småbilar och sedan arbeta sig uppåt till olika, dyrare bilkategorier. De utvecklade sig till familjebilar i mellanklassen, sedan till bilar för företagsledare, lyxmärken, sportbilar och slutligen superbilar som kunde konkurrera med Ferrari.

Japanernas framgång byggde på konkurrensfördelar i form av kostnadsledarskap med inriktning på särskilda marknadssegment, vilket ledde till differentiering genom innovation. Kombinationen av dessa tre faktorer gjorde dem med tiden till oerhört framgångsrika globala företag.

Utmaning

Var och en av de generiska strategierna (kostnad, differentiering och fokus) kräver olika färdigheter för att skapas på papper och genomföras operativt (se sidan 197). Det är en sak att säga att man vill vara kostnadsledande eller att det skulle vara bra att ha ett unikt erbjudande. Det är en helt annan sak att sänka kostnaderna under dina bästa konkurrenter eller att hitta ett paket med funktioner som kunderna värderar som unika och värda att betala mer för att använda.

Kostnadsledarskap handlar delvis om avkastning på investeringar. Du visar att din strategi (på papperet och operativt) ger investerarna mer avkastning än en alternativ strategi. Om du kan visa att det finns en överlägsen avkastning på de pengar som investeras i din strategi kommer du att få de resurser som din strategi behöver. Detta är redan en form av framgång eftersom det minskar de resurser som är tillgängliga för konkurrerande strategier på ditt företag och på andra håll. Det är en framgång som kan byggas upp med tiden så att alternativ och konkurrenter får allt svårare att få investeringar medan dina investeringar växer och förstärker din strategi.

Den andra - mer uppenbara - delen av kostnadsledarskapet är att leverera din produkt eller tjänst billigare än dina konkurrenter. Detta kräver en strategi för kostnadsminskning och kostnadsstyrning. Du måste ta reda på var du ska köpa material, vilka partner du ska samarbeta med, vilken produktionsteknik du ska använda och ha en mycket noggrann och disciplinerad leveranskedja. Allt detta är nödvändigt för att leverera kostnader som en konkurrensfördel på lång sikt.

Dessutom måste du ta hänsyn till skalor (hur mycket av en produkt som ska tillverkas) och skalor av omfattning (hur många liknande produkter som ska tillverkas). Detta är båda traditionella sätt att minska kostnaderna. Innovativa tekniker som Just in Time (JIT), Lean Management, Six Sigma,

Total Quality Management (TQM), Business Process Reengineering (BPR) och ständiga förbättringar är andra sätt att uppnå samma mål.

Du måste vara kreativ och disciplinerad. Rådgör med experter på kostnadsminskningar, men fundera också över en rad alternativa sätt att uppnå samma mål. Zara, till exempel, tillverkar sina kläder lokalt för sina marknader i Europa och hävdar att de har lägre totalkostnader och större flexibilitet än sina konkurrenter. Som strateg måste du se helheten (se sidan 57) och väga olika (ibland) motstridiga mål och motsättningar mot varandra.

Marknadsföring är ett område som kan dra nytta av skalbarhet eftersom kostnaderna för en kampanj och mediautgifter delas av den totala försäljningen av en produkt. Forskning och utveckling är ett annat område som kan gynnas, tillsammans med upphandling av varor, tjänster och råvaror på grund av skalan och förhandlingsstyrkan. Dessa odelbara faktorer är alla skäl att stödja skalbarhet som en del av en strategi för att uppnå (och bibehålla) kostnadsledarskap.

En annan odelbar styrka med storskalighet är att när man väl har skaffat sig kapacitet eller erfarenhet för att bygga en produkt eller leverera en tjänst, blir denna kapacitet en kärnkompetens som kan användas om och om igen utan att kostnaderna ökar. Det är den fördel som Apple till exempel har fått genom att bara släppa en eller två nya iPhones åt gången. Lärdomarna lärs en gång och tillämpas på en produkt som produceras och säljs tiotals miljoner gånger utan att kostnaderna ökar. Konkurrenter - som Samsung - har många fler produkter. De måste dela upp sin expertis och sina forskningsinsatser mellan alla sina produkter. Detta ökar kostnaderna. Det finns en spänning mellan fokusering, segmentering och experimenterande.

"Differentiering" innebär ett unikt erbjudande. Du försöker hitta något i någon funktion i din produkt eller tjänst som gör den annorlunda och mer värdefull än konkurrerande produkter. Du kanske till och med hittar något som gör det omöjligt för någon att konkurrera direkt.

Utmaningen är först och främst en fråga om fantasi. För att överhuvudtaget differentiera din produkt krävs kreativitet för att föreställa sig skillnader som är möjliga och även sådana som för närvarande inte är möjliga. Detta kan kräva en rad olika kreativitetstekniker, externa perspektiv och olika typer av expertis. Därefter måste man kunna föreställa sig att de gör en skillnad som kunden uppskattar tillräckligt mycket för att betala för skillnaden.

Det kan hända att skillnaderna inte är tillräckligt attraktiva för att motivera de extra kostnaderna för att leverera dem. Eller så upptäcker du att nyheten inte uppskattas. Den kan till och med vara fruktad eller ses som en negativ egenskap hos ditt erbjudande på marknaden.

Om skillnaderna inte är uppenbart bättre ur kundernas synvinkel kommer det att kosta att försöka få kunderna att ändra uppfattning genom marknadsföring - och det tar tid och är inte säkert att lyckas.

Företagets rykte och uppfattningen om varumärket kan också bli en differentieringsfaktor. Det kan vara så enkelt som förtroende, kundservice eller extrafunktioner som gör det värt att arbeta med dig. Varje lojalitetsprogram och reklamkampanj är ett sätt att försöka differentiera sig.

Detta är en blandning av materiella och immateriella egenskaper. Om du lyckas med det, kommer människor att köpa din produkt hellre än någon annans eftersom de känner sig bättre förknippade med ditt varumärke eller för att det är trevligare att ha att göra med ditt företag.

Framgång

Att förstå källorna till konkurrensfördelar är en utgångspunkt. Det hjälper dig verkligen att fatta beslut och skapa en effektiv strategi om du kan använda de generiska strategierna som ett verktyg. De kan användas på ett kreativt sätt för att klargöra den aktuella situationen. Du kan undersöka alternativa strategiska drag för att se hur de skulle påverka dina avsikter när det gäller kostnader, differentiering och fokusering.

Din strategi bör klargöra hur den övergripande avsikten ska omsättas i konkurrensfördelar. Det är en sak att säga att ni ska vara bäst i världen inom en viss bransch, men det är en helt annan sak att förklara hur detta återspeglas i kostnader, differentiering och fokus.

Det blir ännu mer kraftfullt om du kan använda scenarier och strategiska spel för att visa hur man genom att uppnå vissa fördelar skapar en positiv cirkel eller en väg till konkurrensfördelar. Detta är verkligt strategiskt tänkande, när konsekvenserna är genomtänkta för att ge nya möjligheter i varje skede.

Helst ska du komma fram till konkurrensfördelar som har direkta fördelar för kundgrupper och som värderas (mycket) mer än vad de kostar dig att leverera. Du kommer att hitta en plats att konkurrera på som är mindre konkurrenskraftig, antingen för att den är oomtvistad eller för att din strategi kommer att skilja dig så mycket från konkurrenterna att de inte kan konkurrera. Du vill hitta något som ger dig tillräckligt med tid för att bygga upp en kedja av konkurrensfördelar.

Fallgropar

Du kanske upptäcker att andra konkurrenter redan försöker differentiera sig, men att de gör det bättre. Dina ansträngningar kan kosta för mycket för att vara lönsamma. Kunderna kanske inte är lika imponerade av din differentiering som du var. Dina ansträngningar att kontrollera kostnaderna kan undergrävas av händelser, omständigheter, tekniska misslyckanden eller konkurrenters framsteg.

Du måste se till att företaget inte är alltför beroende av ett enda försök att få en enda konkurrensfördel. Det måste finnas en anpassningsförmåga så att man kan reagera på motgångar utan att förlora företaget. De flesta företag bygger på kompromisser och flera Plan B-scenarier som gör att du kan fortsätta att arbeta med olika källor till konkurrensfördelar.

Förmågan att genomföra din strategi är viktigare än någonsin när du investerar resurser som bara lönar sig om du blir den billigaste eller mest unika produkten eller tjänsten.

Checklista för strateger

- Tänk på vad du erbjuder marknaden. Finns det några konkurrensfördelar? Är några av dessa långsiktiga fördelar?

- Undersöka fördelarna med andra aktörer på marknaden. Hur står de sig kostnadsmässigt? Finns det någon som verkar vara kostnadsledande? Hur står de sig när det gäller differentiering? Är ni ganska lika eller finns det någon som är tillräckligt annorlunda för att kunna ta mer betalt för sin produkt? • Utforska på ett kreativt sätt hur du skulle kunna skapa konkurrensfördelar inom vart och ett av de tre generiska områdena. Hur skulle ni kunna minska era kostnader? Hur kan ni leverera något värdefullt som skiljer er från andra företag och gör att ni kan sälja mer eller öka marginalerna?

• Fundera på hur fördelar kan kombineras för att skapa en positiv konkurrenscykel. Kan du göra något på kort sikt som kan öka marginalerna? Kan ni använda dessa marginaler för att investera i ytterligare differentiering?

• Ta dig tid att på ett kreativt sätt undersöka hur lärdomar från andra branscher kan tillämpas på din bransch. Hur skulle ni kunna förändra affärsmodellerna radikalt? Hur kan ni vända på antaganden på ett sätt som ger er en hållbar konkurrensfördel?

Relaterade idéer

Jim Collins hävdar i sin bok Good to Great att små förbättringar kan skapa en slags svänghjulseffekt. Var och en ger fart åt nästa tills den totala fördelen är tillräcklig för att verkligen överträffa konkurrenterna. Du behöver inte börja stort. Du kan arbeta med små fördelar, förstå dem och sedan kombinera dem gradvis. Dessa blir dina kärnkompetenser, de fungerar tillsammans i den typ av värdekedja som beskrivs på sidan 190 och - eftersom du har tagit så lång tid på dig att utveckla dem - är de svåra att imitera.

Att fatta strategiska beslut och göra val

Ditt företag är en samling beslut. Du måste välja din marknad. Du måste bestämma dig för dina produkter. Varje del av företaget är resultatet av åtgärder, och alla dessa åtgärder har beslut knutna till sig. Strategi handlar om beslut.

Frekvens: Beror på besluten.

Viktiga deltagare: Ledarskapet först.

Coca-Cola i dag är resultatet av varje beslut som företaget någonsin har fattat. På 1800-talet bestämde sig grundaren för att utveckla en alkoholfri dryck som svar på antialkohollagar. Han hävdade att det var en medicin som botade många sjukdomar. År 1887 bestämde han sig för att sälja sitt företag till en grupp med bland annat Asa Griggs Candler, som visade sig vara ett marknadsföringsgeni. Candler fattade beslutet att utlysa en designtävling för den numera ikoniska konturflaskan för Coca-Cola.

För trettio år sedan beslutade ledningen att lansera New Coke, vilket var impopulärt. Inom tre månader bestämde man sig för att återgå till den ursprungliga formeln. Senare beslutade de att diversifiera verksamheten till hälsosamma drycker, bland annat genom att investera i smoothietillverkaren Innocent.

År 2014 fattade vd:n ett nytt beslut om att investera i den snabbväxande energidryckstillverkaren Monster. År 2019 lanserade de en smartphone-app för att ge kunderna möjlighet att blanda sina egna skräddarsydda drinkar. Coke använder dessa kundval för att bestämma vilka nya smaker - som vattenmelon och lime - som ska lanseras för den breda allmänheten. Coca-Cola i morgon handlar om beslut som fattas idag och igår.

Mål

Strategi är ett flöde av beslut och åtgärder. Vissa beslut är mycket informella. Vissa är mycket formella. Vissa beslut slutar illa. Vissa beslut slutar bra. Vissa beslut öppnar möjligheter medan andra beslut stänger möjligheter. Som strateg påverkar du antingen besluten eller så fattar du dem.

Det är bra att vara medveten om hur besluten kan påverkas. Det finns olika krafter som begränsar ditt beslutsutrymme. Vissa hävdar att strategi är det möjligas konst: du kan egentligen bara välja mellan alternativ som redan är möjliga i världen som den är. Men strategi kan också använda det som är möjligt nu för att göra saker i framtiden som är omöjliga nu.

Sammanhang

Varje företag börjar med ett beslut (som i Coca-Cola-exemplet), och hela företagets historia består av stora och små beslut med stora och små konsekvenser. Du får reda på om ett beslut var smart eller nyttigt först efter att du har fattat beslutet.

Strategiska beslut ska handla om den stora bilden (se sidan 57), men vissa stora beslut visar sig ha en liten inverkan. Och ofta finns det små beslut som har en stor (eller strategisk) inverkan. Det finns också beslut som verkar brådskande och beslut som verkar mindre brådskande.

Det kan vara lämpligt att granska besluten för att se vilken prioritet de kan ges. Men det är viktigt att komma ihåg att deras betydelse kan förändras och att olika typer av beslut har olika stor betydelse för strategin. Det är värt att fråga sig om ett beslut är strategiskt eftersom det kommer att:

- få specifika saker gjorda, överlista konkurrenterna, ingå i ett strategiskt
- mönster, fastställa företagets position, riskera (eller rädda) företagets
- framtid.
-

• Den sista punkten är viktig. Om det handlar om att riskera eller rädda företagets framtid vill du göra rätt. Det är det viktigaste beslutet - och därför är det det mest strategiska beslutet. Om du har resurser för att klara av att beslutet blir fel kan du fatta beslutet på ett mer bekvämt sätt. Om du inte har det så tar du verkligen en vild (men kanske nödvändig) chansning (se sidan 224).

Utmaning

Det är omöjligt att fatta det perfekta beslutet, men det är värt att försöka fatta smartare beslut. Utmaningen är att se till att du fortsätter att fatta beslut som är tillräckligt snabba för att få rätt saker gjorda.

Beslutsfattandet är inte helt rationellt eller objektivt. Du kan aldrig få all den information du behöver och dina beslut kommer alltid att baseras på subjektiva överväganden - och många av dessa kommer att vara osynliga även för dig själv.

Du kanske samlar in fakta som bara stöder dina argument (och ignorerar allt som hotar din ståndpunkt). Besluten kan vara inkonsekventa eftersom du inte riktigt kan komma på hur du fattade beslutet förra gången. Du kanske ser mönster som egentligen inte finns eller tror att det finns en koppling mellan orsak och verkan som helt enkelt inte är sann. Din optimism eller pessimism påverkar också dina beslut.

- Har du tänkt på den andra sidan av ditt argument?
- Tar du beslut på grundval av vad du alltid har gjort?
- Vilka antaganden använder du? Har du testat dem?
- Beror misslyckanden på tur eller otur? Eller på bra eller dåliga beslut?

Vilken roll spelar optimism eller pessimism i ditt beslut? Är dina beslut baserade på en korrekt syn på lång och kort sikt?

En annan utmaning är att fatta beslut tillräckligt snabbt för att det ska vara meningsfullt. Ett ofullständigt beslut kan vara tillräckligt för att få igång verksamheten, vilket är bättre än att inte göra någonting. Eller så är det bättre att inte fatta något beslut än att slösa tid och resurser.

- Vad händer om du inte fattar något beslut?
- Vad händer om du fattar fel beslut?
- Kommer beslutet att skapa fler möjligheter? Kommer beslutet att begränsa framtida möjligheter?

Den goda nyheten är att om du tänker på hur du fattar beslut kan du fatta bättre beslut. Det kommer att förbättra din förmåga att på ett flexibelt sätt hantera konsekvenserna av dessa beslut. Och det kommer att involvera människor i de antaganden som ligger till grund för besluten så att de kan anpassa sig när de förändras.

Framgång

Som ledare måste du fatta strategiska beslut. Det är en av dina viktigaste roller. Om du inte fattar beslut får det konsekvenser. Människor kanske inte vet vad de ska göra - det råder förvirring om vilken riktning de ska ta. Människor kanske inte gör något eftersom de väntar på ett beslut. Eller så gör alla olika saker, vilket leder till slöseri och ineffektiva åtgärder.

Du vet att du blir bättre på strategiskt beslutsfattande när du har en tydligare uppfattning om när ett beslut är strategiskt. Du kommer att se möjligheter och hot i konsekvenserna av att fatta ett beslut. Du kommer att ha ett prioriteringssystem - i huvudet eller på papper - som hjälper dig att organisera besluten.

Du kommer också att vara medveten om eventuella fördomar. Tänk på varför ett beslut har fattats. Försök att se olika synvinklar. Utmana dem för hård kritik. Vänd på dina antaganden. Fundera över om besluten leder till strategisk nedgång. Om ni fortsätter att fatta liknande beslutsmönster kommer företaget att dö?

Fallgropar

Att tänka på beslut kan bromsa företaget. Människor kan börja fundera för mycket på vad de ska besluta om. De kan oroa sig för konsekvenserna eller börja slösa tid på att tillämpa modeller och ramar. Att involvera större grupper i besluten kan vara bra för engagemanget. Det kan vara till hjälp för att generera idéer, men det får inte leda till att inga beslut fattas. Målet är inte att stoppa beslut utan att göra besluten smartare.

Checklista för strateger

- Använd ett av verktygen för beslutsfattande (se sidan 175) för att titta på olika aspekter av beslut.

- Utforska de beslut som fattas. Hur brådskande är de? Hur viktiga är de? Vilka beslut har skjutits upp i åratal? Varför?• Hur kan du öka dina kunskaper om att fatta beslut? Vissa beslut är lätta med erfarenhet.

- Ställ frågor om beslutsmönster som är mycket likartade. Leder de företaget någonstans där det är farligt? Tänker alla på samma sätt bara av vana? Vad händer om man vänder på logiken i besluten? • Var medveten om att beslut har en vanemässig, politisk och kaotisk aspekt. Beslut fattas av många känslomässiga skäl. Och beslut ignoreras av många känslomässiga skäl.

Relaterade idéer

David Hicksons forskning visar att hur lång tid det tar att fatta ett strategiskt beslut och hur lång tid det tar att genomföra ett strategiskt beslut inte automatiskt är avgörande för framgång.

Vissa, som Constantinos Markides, hävdar att det kan vara bättre att vara tvåa än att vara först. Att vänta ger dig en chans att fatta rätt beslut, så att du kan lära dig av andras beslut.

Annan forskning, som den som leds av Fernando Suarez vid Boston University School of Management, visar att det finns ett "fönster av möjligheter" för vissa typer av strategiska beslut. Du kan vinna stort genom att inte vara för tidig eller för sen.

Det viktigaste är att tänka strategiskt och flexibelt om hur besluten fattas så att även om fel beslut fattas så gör dina åtgärder det rätt (se sidorna 160 och 166).

Att göra det bästa av en viss situation liknar de idéer som beskrevs i slutet av förra avsnittet. Kausalt tänkande söker resurser för att uppnå målen. Med ett effektivt tänkande söker man efter mål som kan uppnås med de resurser som finns tillgängliga.

Smarta strateger rör sig mellan effektiva och kausala beslut. De ställer frågor om vad de behöver för att nå dit de vill. Och vart de kan ta sig med det de har. De kan ofta uppnå mer än taktiska entreprenörer eftersom de ser längre, och mer än långsiktiga planerare eftersom de ser annorlunda.

Som Marc de Rond, professor vid Cambridge University, påpekar är det som faktiskt händer en blandning av val, slumpmässiga händelser och utgångsförhållanden: vissa är fördelaktiga, andra problematiska, hotfulla eller till och med traumatiska.

Det är här som idéer från psykologin om motståndskraft och posttraumatisk tillväxt, som förknippas med Lawrence Calhoun och Richard Tedeschi, är till hjälp. Motståndskraft är ett sätt att reagera på misslyckanden, inklusive felaktiga beslut, med uthållighet. Posttraumatisk tillväxt handlar om en kamp med syfte som leder till bättre platser och prestationer.

Anpassa dig till din konkurrenssituation

Din strategi beror delvis på hur väl den passar in i konkurrenssituationen. Stabila marknader med låg konkurrens kan kräva en annan strategi än kaotiska marknader med hög konkurrens. Strategin för situationen är inte bestämd, men den måste passa.

Frekvens: Kontinuerligt.

Viktiga deltagare: Alla.

År 2002 blev Walmart världens största företag baserat på omsättning. År 2019 hade det intäkter på 514 miljoner dollar (100 miljarder dollar mer än det näst största företaget). Det har över 12 600 butiker över hela världen.

Walmart blev världens största företag genom att följa en formel med stora vardagsvärden som stöds av en effektiv leveranskedja. Reglerna för framgång tillämpades centralt för att säkerställa en snabb expansion. Walmart var bättre anpassad till en huvudsakligen amerikansk konkurrensmiljö där konkurrenternas rörelser och kundernas smak var välkända.

Walmarts tillväxt ledde också till nya utmaningar. Företaget möter aggressiva nya konkurrenter på sina hemmamarknader. Under trycket att växa har företaget till och med flyttat in på okända marknader - som stadscentra - där dess framgångsregler inte nödvändigtvis fungerar. Företaget har också varit tvunget att ta itu med Target:s uppåtriktade satsningar, den våldsamma onlinekonkurrensen från Amazon och rivaler i små format - som Aldi (se sidan 70). För att kunna växa har företaget blivit mer flexibelt och fått ett visst självstyre för att anpassa den centrala modellen.

Mål

För att försöka anpassa sig till kraven på en marknad är det bra att beskriva den konkurrenssituation som du står inför. Femkraftsmodellen (se sidan 184) hjälper till genom att identifiera verksamheten hos befintliga konkurrenter, nya aktörer, leverantörer, ersättande produkter och tjänster samt kunder. Andra modeller som ingår i verktygslådan hjälper till att definiera olika aspekter av marknaden.

- Vilken konkurrensnivå möter du?
-
- Ökar eller minskar konkurrensen?

Blir konkurrenternas agerande mer eller mindre säkert?

Nästa steg är att fundera över vilken typ av organisation ni har och om den passar bra för den konkurrensutsättning ni står inför. Arbetshypotesen är att mycket konkurrenskraftiga miljöer kräver mycket anpassningsbara organisationer. Antagandet är att ni vill att er struktur ska involvera människor, att er ledarstil ska vara mer informell och att er kultur ska vara öppen för förändringar - ja, till och med välkomnande av dem. Men det är inte riktigt så enkelt.

Sammanhang

Ett sätt att hantera osäkerhet och hög konkurrens är att vidta åtgärder för att skapa en mer organisk organisation.

Det finns ett ekologiskt standardrecept. Genom decentralisering flyttas besluten från huvudkontoret till fältet (eller till och med till frontlinjen). Man försöker öka informaliteten. De relevanta personerna kan bidra utifrån sina kunskaper (och intressen) snarare än utifrån sin ställning i hierarkin.

Enligt detta synsätt är svaret på att hantera säkerhet och lägre konkurrensnivåer att skapa en mer mekanistisk organisation.

Det finns också ett mekanistiskt standardrecept. Centralisering drar tillbaka besluten från frontlinjen till huvudkontoret (eller till och med hela vägen tillbaka till vd:n). Man försöker öka formaliteten. Hierarki, formulär, standarder och processer införs som syftar till att kontrollera bidrag och åtgärder.

Båda dessa är användbara utgångspunkter för att förstå möjliga reaktioner på olika nivåer av konkurrens och osäkerhet.

- Vilken typ av organisation arbetar du med?

- Vilken typ av konkurrenssituation möter du?
-
- Passar det bra?
- Finns det uppenbara konflikter?

Vad skulle kunna göras för att skapa en bättre passform?

I verkligheten finns det ingen enkel överensstämmelse mellan en typ av miljö och en typ av organisation. Det finns fler kriterier att ta hänsyn till för både miljö och organisation, och det är inte enkelt att hitta en kombination som leder till framgång.

Utmaning

En utmaning är att standardrecept sällan leder till konkurrensfördelar. Om alla försöker följa samma recept minskar de oftast bara differentieringen och ökar - omedvetet - den direkta konkurrensen.

I praktiken är det också omöjligt för alla att följa samma recept på samma sätt, så du kommer automatiskt att ha olika nivåer av ekologiskt och mekaniskt. Nyckeln är att förstå dessa skillnader som möjligheter.

Helst vill du veta mer om din omgivning än bara hur konkurrenskraftig och osäker den är. Du vill veta hur din marknadsmiljö fungerar: dess särskilda form, rytm och särdrag. Så fråga dig själv:

- Hur väl har företaget klarat sig oberoende av marknaden? Ökar eller minskar din prestation? Har den varit konstant eller varierande? Dina val kan ha en inverkan på framgången utöver de allmänna trenderna på din marknad (se sidan 64).
- Vilka marknadsvillkor ligger utanför din kontroll? Om ingen vill ha just din typ av produkt måste du börja tillverka något annat eller fundera ut hur du kan förändra marknaden. Om det råder en global recession måste du hitta sätt att klara dig, men du kan inte på egen hand vända recessionen.
- Vad förklarar företagets resultat? Du kan jämföra ditt företag med dess konkurrenter på flera sätt. Vilka är dina kostnader? Vad vill kunderna ha? Vad gör konkurrenterna? Hur är branschen

gör? Vilka är dina styrkor och svagheter? (Se sidan 182.)

Kostnadsanalys ger dig en bättre uppfattning om hur kostnaderna fungerar inom ditt företag (och din bransch). Den omfattar vissa specifika mikroekonomiska tekniker för att besvara vissa värdefulla frågor. I jämförelse med dina konkurrenter:

- Är dina kostnader lägre eller högre?
- Är dina priser lägre eller högre?
- Är avkastningen på dina investeringar högre eller lägre?
- Finns det bättre saker du skulle kunna göra med dina pengar?
- Finns det vissa fasta kostnader som hindrar dig från att ändra priser eller vinster?

Hur förhåller sig dina rörliga kostnader till varandra?

Vad kan förändras i kostnadsstrukturen på kort och lång sikt?

- Vid vilken punkt når man minskande avkastning om man investerar mer? Hur mycket mer kan man investera för att dra nytta av de större effektivitetsvinsterna i form av stordriftsfördelar och räckviddsfördelar?

Efterfrågeanalys ger dig en bättre uppfattning om kundernas beteende när det gäller pris och värde. Den inbegriper också mikroekonomiska tekniker för att besvara värdefulla frågor:

- Ökar eller minskar efterfrågan när du höjer eller sänker priserna? Vad kan man göra för att ändra efterfrågeelasticiteten till din fördel?

Ju högre pris desto färre betalande kunder, men det är inte hela sanningen. Olika produkter har olika elasticitet i efterfrågan. Alkohol- och bränslepriserna måste förändras mycket innan det blir någon skillnad i efterfrågan - på branschnivå - eftersom det finns få alternativ.

Men om det inte finns någon skillnad mellan vad du erbjuder och vad konkurrenterna erbjuder, spelar priset verkligen roll för företaget. Det är därför det kan vara så värdefullt att följa en differentieringsstrategi - så att du kan hålla priserna högre utan att förlora totala intäkter (se sidan 204 som ett exempel).

Det är ovanligt att det bara finns ett möjligt pris för en produkt. Denna perfekta konkurrens kräver perfekt information och identiska produkter, inklusive var de finns tillgängliga och hur de säljs. Men i och med den ökande konkurrensen på nätet och den ökade insynen i informationen är det nu svårare för företag att ta ut flera priser för samma produkt.

Marknadsanalysen ger dig en bättre förståelse för hur konkurrensen ser ut. Den ställer värdefulla frågor:

- Hur många företag konkurrerar på marknaden?
-
- Hur är marknaden strukturerad?

Hur olika är produkter och tjänster?

Du kanske står inför en perfekt konkurrens med många företag och har ingen möjlighet att differentiera dig. Men det är mer troligt att du står inför ofullständig konkurrens, för även om det finns många företag har du hittat sätt att vara annorlunda. Du kan ha att göra med ett oligopol där det finns ett fåtal konkurrenter utan differentiering. Ni kan också ha en dominerande ställning, där ni på grund av differentiering har minskat antalet effektiva konkurrenter.

Framgång

Du har gjort framsteg när du förstår hur din marknad och din konkurrensmiljö ser ut. Du vill veta hur stor konkurrensen är, hur många konkurrenter det finns, hur stabil den är och vilka möjligheter till innovation som finns.

Du kommer också att förstå mer om hur efterfrågan på din typ av produkt ser ut. Du vill veta vad som sannolikt kommer att hända om du höjer eller sänker priserna. Du vill också veta vad du kan göra för att ändra företagets kostnadsegenskaper så att du kan ändra priserna utan att skada dina vinstmarginaler. Du kan till och med nå en punkt där du är kostnadsledande (se sidan 186), vilket gör att du kan använda många strategiska spel (se sidan 93).

Du kommer också ihåg att all denna analys handlar om att hitta effektivare sätt att uppnå dina övergripande strategiska avsikter. Eller till och med för att hitta strategiska avsikter som kommer att leda till att ni uppnår era övergripande mål. Ditt mål är att hitta sätt att differentiera din produkt eller att placera ditt företag i en position där det kan lyckas trots bristande differentiering. Båda alternativen är öppna.

Du kommer också att fundera noga på hur väl din organisation passar in i kraven i dess konkurrensmiljö och strategiska avsikt. Är du långsam där du borde vara snabb? Är ni kaotiska när ni borde vara stabila?

Fallgropar

Det är fullt möjligt att lyckas utan detaljerad analys. Det är också möjligt att drabbas av analysförlamning, så att dina detaljerade kunskaper ersätter effektiva åtgärder. Strategi handlar om att forma framtiden mycket mer än att bara förstå ekonomiska modeller och tekniker. Var därför försiktig så att du inte går vilse i ekonomiska modeller - eller blir svår att förstå för att du talar på de ekonomiska modellernas språk.

Checklista för strateger

• Diskutera din organisationsstil, ditt ledarskap, din struktur och din kultur. Fundera över hur de är lämpliga eller olämpliga, till hjälp eller inte till hjälp för dina strategiska utmaningar. Det finns inga perfekta versioner av mekanisk eller organisk organisation. Det finns bara det som fungerar eller inte fungerar. • Utforska vad mikroekonomiska begrepp och tekniker kan erbjuda. Var försiktig så att ni inte går vilse i analysens detaljer. Ofta kan djup erfarenhet av ett företag ge människor en förståelse för kostnads- och efterfrågedynamiken. Använd både analys och erfarenhet för att ifrågasätta antaganden, men försök att inte göra uppenbara misstag på grund av bristande kunskap. • Acceptera inte för lättvindigt den givna visdomen om en marknad. Det finns alltid sätt att växa en marknad genom att ändra någon aspekt av din verksamhet eller affärsmodell. Din produkt kan säljas till en annan marknad eller kund. Du kan sälja den på ett annat sätt. Du kan till och med använda dina befintliga organisatoriska resurser och möjligheter för att göra något helt annat.

- Tänk på vad som skulle hända om en konkurrent eller en ny aktör förändrade den marknadsdynamik som ditt företag är van vid. Hur skulle ni anpassa er? Skulle ni överleva? Vad skulle hjälpa eller skada er? (Se sidan

64.)

- Använd strategiverktygslådan och principerna i den här boken för att hitta nischer, konkurrerande metoder och unika kombinationer av produkt, pris, positionering och planer för att ändra de accepterade reglerna till din fördel. Allt från reklam, effektivitet, design och kundupplevelse kan hjälpa dig att framgångsrikt anpassa dig till marknadens krav.

Relaterade idéer

Tom Burns och George Stalker skapade termerna "mekanistisk" och "organisk". I deras bok - The Management of Innovation - förespråkas en strategi som bygger på en förutsättningslös syn på strategi. De föreslår att man övergår till en mer organisk organisation när osäkerhetsnivåerna ökar.

Martin Reeves och Knut Haanaes hävdar något liknande i Your Strategy Needs a Strategy. De identifierar fyra strategiska stilar beroende på hur formbar och osäker din omgivning är: "klassisk", att hitta en nisch genom investeringar, "adaptiv", att organisera sig för att snabbt reagera på förändrade önskemål, "formande", att förändra ekosystemet till din fördel, och "visionär", en mer långsiktig version av formande som förändrar konkurrensens karaktär för att ta tillvara på framtida möjligheter.

All framgång är framgångsrik anpassning. Det finns en stor skillnad mellan att anpassa sig för att klara sig och att anpassa sig för att vinna.

Fjärde delen

Vinna med strategi

Strategi handlar om att nå dit man vill komma, eller åtminstone om att göra det bästa av det man har. Detta är en del av vad det innebär att vinna med strategi. Du behöver inte vinna till varje pris och du behöver inte spela ett nollsummespel där det bara finns en vinnare och en hel drös av ledsna förlorare.

Att vinna med strategi kan innebära att man konkurrerar direkt. Det kan innebära att man använder tillgängliga resurser och verktyg för att komma före någon annan. För vissa människor innebär det att göra vad som helst för att förstöra konkurrenterna. Men det handlar om etiken hos de personer som använder strategins verktyg. Man behöver inte vara destruktiv eller hämndlysten. Man kan använda strategin för att vinna genom att skapa värde.

Strateger kan välja att skapa nya marknader i stället för att bara ta sig till toppen av den marknad de befinner sig på. Den etiska strategen kan medvetet begränsa vissa alternativ eftersom de är oetiska. Den omtänksamme strategen kan hitta sätt att vinna som hjälper samhällen och de som har minst makt. Den kreativa strategen kan föra samman konstnärer och ingenjörer för att skapa skönhet som förbättrar andra människors liv.

Strategi är inte bara något som tillhör MBA:er och managementkonsulter. Det är en samling olika sätt att förstå nuet för att forma framtiden. Du kan alltså ta reda på vad du är bäst på och försöka hitta utrymme för det i en upptagen värld som kanske inte inser vad du erbjuder.

Det finns många bra idéer som aldrig blir verklighet eftersom de som har idéerna inte vet hur de ska få stöd för dem. Att förstå strategins språk kan hjälpa dig att få den finansiering och de resurser du behöver.

Titta på strategens verktygslåda. Du kan undersöka hur de olika delarna av en organisation passar ihop i en värdekedja. Vissa människor gillar inte orden, men modellen fungerar eftersom den är en kraftfull förenkling av den verkliga världen. Vad varje person och avdelning gör kan öka eller minska det totala värdet av det du erbjuder människor.

Och utöver dina kontor spelar även ditt sätt att passa in i andra människors arbete en roll. Du kan lära dig hur du kan koppla samman det bästa av det du gör (kärnkompetens) med det bästa av det andra gör. Och du kan fundera på hur du kan utveckla din organisation så att den kan bidra. Om du vill förändra världen är strategi fortfarande den kortaste vägen från medel till mål.

Vinnande strategispel

Ibland handlar strategi om att konkurrera. Det är inte det enda sättet att spela spelet på, men det är ett val som står till buds. Du kanske vill välja mellan olika klassiska strategier för att vinna på ett avgörande sätt. Det är ännu mer värdefullt att skapa en god cirkel av tillväxt och fördelar.

Frekvens: Överväg olika spel regelbundet.

Viktiga deltagare: Du och ditt team.

Zaras grundare tror på att hålla sig mycket nära vad kunderna vill ha.

Och med vad kunden vill ha menar de vad kunderna köper och bär. Traditionellt sett satsar mode på två årliga kollektioner. Varje satsning sker mer än ett år i förväg. Varje satsning läggs ut på den billigaste möjliga tillverkaren, ofta tusentals kilometer bort. Zara gillar inte att gissa eller vänta.

För att vinna i det snabba modet gjorde Zara sina egna regler. Nya produkter ersätter gamla produkter två gånger i veckan. Kunderna tycker att detta är övertygande. Zara tittar noga och snabbt på vad som är hett och vad som inte är det. Man släpper det som inte säljer och ersätter det med variationer av det som är populärt. Man skickar folk till modevisningar för att skicka tillbaka bilder som inspiration. Dessa jämförs med en enorm databas med tidigare produkter för att påskynda design och tillverkning. Resultatet lockar modeintresserade med en liten budget, men även kungligheter och filmstjärnor.

Cirka 80 procent av kläderna tillverkas lokalt för att hålla cykeln från design till försäljning på mindre än 30 dagar. Endast särskilt komplicerade plagg tillverkas längre bort, och Zara har strikta krav på de anställda i alla fabriker. Som ett svar på de klimatskador som orsakas av snabbmodet valde Zara ett hållbarhetslöfte. Kunderna kan till och med lämna in sina gamla kläder i butikerna för att de ska återvinnas. Man vill att kunderna ska få det de vill ha, så att de fortsätter att komma tillbaka för mer. Det är så här Zara vinner.

Mål

Det är lätt att tala om konkurrensfördelar, men det är ofta svårt för företag att komma längre än så enkla begrepp som att ha de lägsta kostnaderna eller att ha en unik produktfunktion.

När du har gjort det hårda arbete som krävs för att få en konkurrensfördel kan det vara ännu svårare att bibehålla din fördel. Någon annan kan sänka priset - genom att förbättra produktiviteten, hitta billigare anställda eller helt enkelt genom att acceptera lägre marginaler. Eller så kopierar en konkurrent helt enkelt din unika produktfunktion.

- Hur kan du förvandla tillfälliga fördelar till avgörande fördelar?
-
- Vad kan du göra för att skapa utrymme mellan dig och dina konkurrenter? Hur kan man skapa en god cirkel av tillväxt och fördelar?

Att tänka som en strateg (se del ett) är viktigt för att se hur man kopplar samman en ström av åtgärder på ett sätt som konkurrenterna inte förstår och inte kan matcha. Varje lyckad åtgärd ger dig bättre förutsättningar att vidta nästa åtgärd. Du samlar mer resurser och fler möjligheter med vilka du kan konstruera ännu större förbättringar och ytterligare svårkopierade fördelar.

Det handlar inte om att bryta mot lagar eller vara oetisk. Det handlar inte heller om att vara girig. Det handlar om att koppla ihop prickarna. Det handlar om att gå från grundläggande fördelar och värde som erbjuds kunden till djupgående fördelar och värde. Detta är bra för kunderna och kan bara uppnås genom att skapa avgörande fördelar.

Kontext

Även om den exakta kombinationen av strategier som du använder måste vara unik, finns det komponenter och exempel på strategier som du kan arbeta med. Det skrivs mindre om dem än om andra aspekter av strategi, vilket understryker deras värde för dig som strateg.

Att överväldiga konkurrenter med fokuserad energi kan skapa det utrymme du behöver. Om ditt företag släpps lös på ett organiserat och fokuserat sätt kommer det att bli en sådan överraskning för dina konkurrenter att de inte kan reagera.

Utnyttja undantag som dina konkurrenter inte förstår eller inte är motiverade att ta hand om. Att ta hand om icke-kunder är ett sätt att hitta undantag (se sidan 230). Att gå ut på fältet och leta efter insikter, problem och motsägelser är en annan metod (se sidorna 232 och 208).

Att hota konkurrenternas vinst är ett sätt att distrahera dem och försvaga deras kassa, men det kan också leda till att du hamnar i ett negativt spel där alla förlorar pengar. Det är ett sätt att uppmuntra en konkurrent att dra sig tillbaka, så att du får mindre konkurrens, men det finns andra mer positiva metoder.

Att skapa en egen version handlar om att förbättra befintliga idéer. Du kanske börjar med en enkel kopia, men snart kan du med fantasi flytta din idé bortom det ursprungliga konceptet. Target gjorde det till Walmart som gjorde det till KMart. Apple gjorde det mot Microsoft med sin iPad-platta. Uber gör det mot alla taxibolag som har brister i kundupplevelsen.

Att bryta kompromisser är en del av att utnyttja undantag och skapa sin egen version. Om du kan hitta en regel som alla håller sig till och sedan lyckas bryta mot den regeln till förmån för dina kunder har du en avgörande fördel. Four Seasons hotell använde gratis toalettartiklar för gästerna som grund för bestående framgång. För det första för att inget annat hotell erbjöd samma förmåner, och för det andra för att det fick ett rykte om att ha en fantastisk kundservice. På senare tid har Airbnb brutit mot reglerna för att förvandla hem till (unika) hotell där alla "hör hemma överallt".

Utmaning

Var och en av ovanstående strategier - och andra liknande - är svåra. Att överrumpla en konkurrent kräver en organisationsnivå som är svår att uppnå. Och man måste ta en risk för att det här är rätt tidpunkt och rätt satsning.

På samma sätt kan det vara mycket kostsamt att hota konkurrenternas vinster. Idealet är att använda den defensivt för att hålla dem borta från dina vinstområden. Eller att endast hota med vinst inom marknadssegment som de gärna lämnar eftersom de verkar oattraktiva för dem. Detta skapar ett dilemma för din konkurrent, som vet att du vill ha marknaden men inte vill konkurrera.

Att utnyttja undantag, skapa en egen version och bryta kompromisser bygger på förmågan att ha ganska unika insikter. Dessa insikter kommer från en kombination av kreativitet och expertis som kräver investeringar i tid och pengar. Dina första försök kan vara mindre svåra att kopiera än du hade tänkt dig eller mindre värdefulla för att skapa efterfrågan än du hade hoppats.

Använd strategens verktygslåda som en del av gruppaktiviteter för att spela upp scenarier där ni går från den plats där ni befinner er nu till successiva faser av konkurrensfördelar. Föreställ er varje gång hur fördelar i ett skede kan öppna möjligheter för nästa skede.

Framgång

Du vet att du blir bättre när du är säker på att tala om olika typer av strategiska spel. Du kommer att lära dig att använda strategens verktygslåda för att identifiera möjligheter som dina konkurrenter kommer att ha svårt att utnyttja.

Du kommer att känna igen farorna med sådana hårda strategier för ditt eget företag. Och du kommer att tänka på hur du ska reagera på dem. Hur kommer du att hantera hot mot din vinst? Hur kan du reagera effektivt på försök att överväldiga dig? Vilka är de mest sannolika konkurrenterna som spelar dessa spel? Vilka områden leds du bort från för att de verkar oattraktiva?

Ditt team kommer att börja se strategi som en blandning av tänkande, planering och spelande. Det finns spel att spela som gör det bästa av ditt tänkande och din planering, utan vilka de är bortkastade.

Fallgropar

Vissa strategier spelas bara för att skada konkurrenterna. De blir så negativa att hela marknader hamnar i en negativ spiral av minskad avkastning. Om du förlitar dig för mycket på negativa strategier kan ditt företag lägga för lite tid på att förbättra ditt eget erbjudande genom innovation. Du kan också skada ditt varumärkes rykte och riskera att dra till dig myndigheternas uppmärksamhet.

Checklista för strateger

- Utforska hur konkurrensfördelar kan utvecklas till ett flöde av fördelar som stärker din konkurrensposition.

- Tänk på åtgärder som ger dina konkurrenter en nackdel och ger dig tid och resurser att investera i att förbättra dina produkter och tjänster, eller att investera i talang eller resurser.

- Börja tänka på strategin som en serie sammanhängande åtgärder snarare än som fristående planer.

- Utforma en strategisk kampanj tillsammans med ditt team för att öka fokus och engagemang för den kreativitet som krävs för att skapa en långsiktig fördel (och ett långsiktigt bidrag).

- Var försiktig så att du inte är beroende av negativa konkurrensstrategier. Deras syfte bör vara att skydda positiva strategier.

- Tänk på hur du reagerar på konkurrenter som använder denna typ av strategi mot dig. Genom att vara medveten kan man undvika konkurrensfällor och återvändsgränder.

Relaterade idéer

George Stalk och Rob Lachenauer hävdar i sin bok Hardball att konkurrensfördelar inte längre räcker till eftersom de är så kortlivade. Det är viktigare att fokusera på att omvandla tillfälliga fördelar till eviga fördelar. Detta innebär att man går från ett slags strategi för det blå havet (se sidan 204) till en resursbaserad fördel över tid (se sidan 192).

Evig fördel kombinerar vad du gör och var du gör det. I sin senaste bok, Playing to Win, uppmanar A.G. Lafley och Roger Martin strateger att fråga sig: Vad är din önskan att vinna? Var kommer du att spela? Hur ska du vinna? Vilka möjligheter måste du ha? Och vilka ledningssystem krävs?

Skapa nya marknader

Du behöver inte konkurrera på exakt samma marknad som dina konkurrenter. Med fantasi och ansträngning kan du skapa nya marknader med mindre konkurrens. Du kan ta befintliga produkter och fokusera på icke-traditionella kunder. Eller så kan du skapa nya produkter för befintliga kunder, eller så kan du skapa nya produkter för nya kunder.

Frekvens: Undersök noggrant minst en gång om året.

Viktiga deltagare: Ditt team.

Zipcar erbjuder dig fördelarna med att äga en bil utan olägenheterna. Det är inte biluthyrning i traditionell mening eftersom du betalar för att använda bilen per timme. Det är inte bilägande eftersom du inte behöver beskatta, försäkra och underhålla den. För en enkel månadsavgift kan du hitta och få tillgång till en skinande ny bil via smartphone eller smartwatch, innan du parkerar den säkert för nästa medlem. Avis köpte Zipcar för 500 miljoner dollar för att få tillgång till denna nya marknad. Nitton år efter lanseringen hade Zipcar nästan en miljon medlemmar - och nya konkurrenter, inklusive Uber, Waymo och Tesla, som försöker hårt att ta en del av kakan.

Mål

Det är farligt att konkurrera med priset. Även om du lyckas bli den billigaste leverantören kommer du förmodligen att ha minskat den totala storleken och marginalerna på din marknad. Det är mer attraktivt (även om det är svårt) att konkurrera genom att skapa nya marknader. Detta kan göras genom att fokusera på en viss nisch med befintliga produkter eller genom att göra din produkt så annorlunda att den skapar en ny marknad.

Sammanhang

Det är möjligt att identiska produkter skapar stora vinster. Det finns vissa varor (t.ex. olja) där råvaran är begränsad och värdefull även i obearbetad form. Men efter råvarusteget blir det svårare att skapa höga marginaler om produkter och tjänster är identiska.

Det ligger faktiskt inte i någons intresse om alla företag tillhandahåller identiska tjänster eller produkter till alla kunder. Organisationerna måste konkurrera med priset, vilket leder till lägre totalavkastning. Kunden måste acceptera produkter och tjänster som är gjorda för alla snarare än något som har utformats med mer specifika krav.

Om det finns fördelar genom erfarenhet kan det vara fördelaktigt att vara först på marknaden. Om det finns fördelar genom storlek kan en aggressiv tillväxt ge potentiella fördelar. Om erfarenhet och storlek kombineras med fördelarna med specialisering kommer det att finnas en stark tendens till monopol.

- Hur kan vi specialisera oss för att skapa en ny marknad?
-
- Hur kan vi dra nytta av vår erfarenhet för att skydda vår marknad? Hur kan vi dra nytta av vår storlek för att skydda vår nya marknad?

Du kanske inte vill ha en situation utan konkurrens. Andra konkurrenter kan hjälpa dig att skapa marknaden. Deras insatser tillsammans med dina insatser kan utbilda potentiella kunder om fördelarna med din produkt och tjänst. Du kan lära dig av deras idéer och misstag. De kan attrahera leverantörer som du behöver för att stödja de övergripande idéerna.

Men som en del av skapandet måste du se dig omkring och titta på dina konkurrenter i dina strategiska grupper. Det viktiga är att förstå deras antaganden och hur de sannolikt kommer att agera eller inte agera som svar på de strategiska åtgärder som du vidtar. Det är klokt att välja åtgärder som är tillräckligt originella för att avskräcka konkurrenterna från att omedelbart kopiera dem.

Du kanske vill lansera den nya produkten eller tjänsten utan större publicitet för att bromsa reaktionen från dina traditionella konkurrenter. Kontakta befintliga kunder, eller via befintliga kunder nya typer av kunder. Du måste också undersöka hur företag som du normalt sett inte har att göra med kommer att reagera. Det finns bara så mycket konsumentpengar att fördela vid varje tillfälle, så du kan ta pengar från andra som reagerar aggressivt. Dominerande företag kommer att spendera enorma summor pengar för att hindra nya innovatörer från att göra sig hemmastadda på sina nya marknader.

När P&G introducerade en ny blekmedelsprodukt - Vibrant - på en testmarknad köpte den omedelbara konkurrenten Clorox en gallon blekmedel till varje hushåll i området. När Netscape lanserade en ny webbläsare gav den närmaste rivalen - Microsoft - bort sin konkurrerande produkt gratis till alla i världen. Google gjorde något liknande med sitt billiga Android-operativsystem och tvingade så småningom Microsoft att erbjuda kostnadsfria uppgraderingar till Windows 10.

Anledningen till att tänka på konkurrenterna är inte för att hindra dig från att skapa en ny marknad. Det är för att skapa strategier som föregriper deras åtgärder. Om produkten erbjuds till ett pris som inte är attraktivt för de dominerande aktörerna är det mindre troligt att de kommer att göra något åt dig. Om du erbjuder något som verkligen är innovativt är priset mindre viktigt och det tar längre tid för dem att reagera.

Ett särskilt bra sätt är att förenkla en befintlig produkt så att konkurrenten blir förvirrad eftersom han eller hon inte kan förstå varför färre funktioner är mer attraktiva än deras befintliga produkt. Denna typ av strategiskt tänkande är det som gör att en innovativ produkt kan frodas bortom de vanliga konkurrensspelen från status quo.

Utmaning

Du letar efter ett sätt att skapa nya marknader eller nytt utrymme på en befintlig marknad. Du försöker förnya dig på något sätt som skapar större efterfrågan på typen av produkt eller tjänst. Eller så vill du hitta en ny typ av produkt eller tjänst som du kan sälja till befintliga kunder.

Enkelt uttryckt kan detta komma från antingen en enorm differentierande fördel eller en samling relativt små fördelar.

Om du är först med en produkt som är betydligt bättre för en viss kundgrupp och om dessa fördelar kan skyddas genom lag (eller sekretess) kan din fördel vara enorm. Problemet är att det är mycket svårt att hitta och skydda en sådan fördel. Och det skydd du har kan vara tillfälligt eftersom din ställning utmanas av rättsliga och tekniska skäl.

Läkemedelsföretag har traditionellt varit beroende av denna typ av konkurrensfördelar (blockbuster), men det har blivit svårare. Teknikföretag använder också patentskydd och stämmer och motstämmer för att försöka försvara sig mot konkurrenterna. Apple, Microsoft, Facebook, Amazon och Samsung spelar alla regelbundet det juridiska spelet.

En del av denna lagliga verksamhet ger dem tid. Apple skyddade vissa funktioner i sin ursprungliga iPod, bland annat klickhjulet. Utan detta skydd skulle det ha varit lättare att kopiera den av konkurrenter som kanske hade lyckats dölja några av de andra fördelarna med iPod. Samma sak har gällt för köpprocessen med ett klick hos Amazon eller nyhetsflödet på Facebook.

Trots detta är de flesta konkurrensfördelar något som andra företag inte kan kopiera av olika skäl. Eller något som de inte har kopierat ännu eftersom de inte har haft tillräckligt med tid. Du får skapa en ny marknad eller nisch om du kan samla ihop ett antal fördelar som positionerar dig distinkt från andra företag.

Framgång

Det första steget är att hitta en konkurrensfördel som skapar en ny marknad (segment eller nisch). Du kanske vill gå efter icke-kunder som de befintliga leverantörerna inte förstår.

- Varför tilltalar befintliga produkter inte icke-konsumenter?
- Hur kan man utforma nya produkter och tjänster som är mer populära?
- Hur kan man vända eller ändra förutsättningarna för befintliga produkter så att de blir värdefulla för andra än kunder?

Du kan också se på befintliga kunder på nya sätt:

- Hur kan du betjäna befintliga kunder bättre?
- Hur skulle du kunna betjäna befintliga kunder på ett annorlunda sätt?

Tänk på Levi's, som säljer jeanskläder. Företaget försökte skydda sina kläder från att säljas i stormarknader eftersom det ville behålla den stora konkurrensfördelen med ett reklamstyrt varumärkesvärde.

Företaget har nu beslutat att fokusera sina kreativa ansträngningar på att betjäna kunderna på nya sätt för att skapa nya marknader. Företaget har till exempel investerat i forskning för att hitta nya jeans som passar olika kroppsformer. Det här märket ger en konkurrensfördel eftersom varje kund får en bättre passform.

Företaget har också börjat samarbeta med specialister inom olika livsstilsgrupper för att få insikt i hur man kan skapa denimkläder som passar för olika aktiviteter. Företaget har till exempel arbetat med jeans och jackor som är särskilt utformade för cyklister. Detta fokus och denna uppmärksamhet på detaljer skapar flera fördelar och nya marknader som konkurrenterna inte ens är medvetna om.

Grunden för dess konkurrensfördelar är endast något avlägset från dess kärnkompetens. Företaget vet hur man massproducerar, distribuerar och säljer jeansprodukter i detaljhandeln. Denna satsning utvidgar företagets kärnkompetens och dess kärnmarknader genom att fokusera på de särskilda behoven hos särskilda kundgrupper som inte tillhör kärnan.

Tänk först på hur du kan skapa tillväxt genom att erbjuda produkter till grupper som ligger i prislägen under och över dina kärnkunder. Värdekunderna och lyxkunderna (i förhållande till er nuvarande position) är värda att utforska.

Det är därför som VW till exempel erbjuder kunderna SKODA och SEAT i den prismedvetna änden och Lamborghini och Bentley för de rika imagefixerade. Men det är en särskild kombination av pris, prestanda, kundupplevelse, design, reklam och arv som gör det möjligt att ta hand om och skapa nya marknader.

Fallgropar

Det är möjligt att blanda ihop nya marknader med nya funktioner. I det här fallet fortsätter du bara att lägga till nya funktioner som riktar sig till nya kundgrupper utan att faktiskt skapa nytt värde. Detta kan öka kostnaderna för att leverera produkter och tjänster samtidigt som det faktiskt minskar det värde som de ser i dem.

Det är farligt att bygga upp nya funktioner utifrån stereotypa uppfattningar om kundsegment. Det är också ett misstag att underskatta de nya färdigheter och resurser som behövs för att leverera nya funktioner. Om du försöker leverera till en grupp som du inte förstår är chansen stor att du skapar nya sätt att förlora pengar snarare än nya marknader.

Checklista för strateger

- Kartlägg din befintliga kärnmarknad när det gäller pris och prestanda.
- Fundera på hur du kan skapa nya marknader genom att erbjuda modifierade produkter och tjänster till lyx- och baskunder.

• Tänk på hur din produkt kan användas av icke-kunder - de som kanske har lika mycket pengar som dina kärnkunder men som inte använder din produkt. Det handlar inte om pris eller prestanda utan om någon annan anledning. Ta reda på varför och du har början på en ny marknad. • Lek med din produkt. Gör en extrem version. Något många gånger mindre eller snabbare eller större. Ändra färgen, materialet och framhäv olika aspekter av dess utformning. Du kanske upptäcker att en sekundär marknad kan skapas som en dag kommer att vara större än din ursprungliga marknad.

• Observera hur kunderna använder dina produkter och tjänster. Försök att hitta exempel på hur kunderna anpassar din produkt till användningsområden som du aldrig hade tänkt dig från början. Smörjmedelstillverkaren WD-40 ber kunderna komma med nya sätt att använda produkten, som de kan marknadsföra - utan att ändra produkten på något väsentligt sätt. • Leta efter kompromisser mellan pris, prestanda och funktioner. Hitta nya sätt att övervinna dessa kompromisser (så att du kan erbjuda högre prestanda till lägre priser) eller hitta nya sätt att erbjuda överlägsna prestanda för vilka ett mycket högre pris kan uppnås.

• Håll dig flexibel i förhållande till konkurrensen. Du kan anta att de är

de traditionella särskiljande faktorerna, men då kommer du alltid att konkurrera på samma gamla sätt. Ta in kreativa idéer från andra branscher än din bransch och förnya dig på alla punkter inom och utanför produkten.

Relaterade idéer

För att skapa nya marknader kan man använda sig av ekonomiska idéer om värdebegreppet. Tanken är att öka värdet så att kunderna får mer än det pris de betalar jämfört med en konkurrent, så att de köper produkten från dig och inte från din konkurrent. Strategins uppgift är att hitta ett sätt att maximera dina marginaler och kundens värde.

Det är värt att komma ihåg att värdet inte är fast. I stället är det ett ständigt föränderligt mönster av beslut och åsikter. Termerna "värdenätverk" och "värdekonstellation" har använts för att illustrera hur olika producenter och konsumenter interagerar.

Vissa bevis tyder på att det är bäst att låta marknaden dra dig till det som kunderna tycker är värdefullt. Andra undersökningar visar att man kan utveckla värdefulla resurser och sedan driva dem till kunderna som kommer att känna igen ett värde som de inte visste att de ville ha.

Gå före din strategiska grupp

Med en smart strategi är varje åtgärd självförstärkande. Varje åtgärd skapar fler alternativ och fördelar som är till ömsesidig nytta. Varje seger är inte bara för idag utan även för imorgon. Tänk på den strategiska banan i din plan och hur varje del kan utgöra grunden för framtida framgång. Detta är testet på en kreativ, framåtblickande strategi.

Frekvens: Kvartalsvis.

Viktiga deltagare: Du och din chef.

Amazon började som en bokhandel på nätet. De viktigaste konkurrenterna var traditionella bokhandlar i den verkliga världen, eftersom det var där som de traditionella kunderna köpte sina traditionella böcker. Men företaget hade också andra konkurrenter på nätet som det har överträffat. Amazon valde att fokusera på service - att känna till och betjäna kunderna bättre än något annat företag.

Med en överlägsen service kan de bedöma vad de ska göra genom att fråga sig om det hjälper kunderna. Detta leder till nya tjänster, bland annat Prime, som ger 100 miljoner abonnenter gratis leverans och videostreaming. Denna tjänstestrategi låg till grund för förvärv av likasinnade företag - som audible och zappos. Den hjälper också Amazon att ta vara på nya möjligheter. Som molnet som affärstjänst, ett eget logistikföretag, investeringar i robotik, uppskjutning av rymdraketer och köp av världens största flotta av elektriska skåpbilar. Ingen annan detaljhandlare har lyckats med en så snabb tillväxt eller obeveklig innovation.

Mål

Att gå förbi konkurrenterna är en del av företagsstrategin. Du ser dig omkring bland de konkurrenter som har flest likheter med dig. Dessa likheter kommer att vara en blandning av olika egenskaper. Vissa konkurrenter kommer att ha samma plats - de som ligger närmast dig eller de som konkurrerar på samma geografiska marknader. Vissa har samma storlek eller intäktskaraktäristika. Andra säljer liknande produkter eller tjänster eller tar hand om samma eller liknande kunder. De utgör din strategiska grupp.

Du behöver inte konkurrera direkt med företag i din strategiska grupp. Men de kan försöka konkurrera direkt med dig. Även om du bestämmer dig för att inte konkurrera direkt kan de vara ett bra ställe att börja dina differentieringsinsatser på.

- Hur fördelas marknadsandelarna inom din strategiska grupp?
-

Vilka är de traditionella särskiljande egenskaperna i din strategiska grupp? Handlar det om relativ kvalitet och pris eller något annat?

- Hur varierar lönsamheten och intäkterna inom den strategiska
- gruppen?
-
- Vem växer snabbast? Vem har funnits längst?
- Vilka styrkor och svagheter har varje gruppmedlem?

Varifrån kommer innovationen?

Vad är grunden för konkurrensfördelar?

På den enklaste nivån kan du ta reda på om konkurrensen mellan medlemmarna i den strategiska gruppen handlar om pris, fokus eller differentiering (se sidorna 184 och 186) och sedan titta närmare på källorna till dessa fördelar. Vad är varje företag känt för? Vad säljer de?

Genom att förstå gruppen får du en känsla för dina egna möjligheter. Om de kan göra det kan du försöka kopiera dem, överträffa dem eller erbjuda något annat. Du kan hitta stora skillnader bland dina konkurrenter, men också anmärkningsvärda likheter. Genom att veta mer kan du bättre utforma dina egna konkurrensåtgärder och din egen strategi.

Titta också i utkanten av din strategiska grupp. Undersök ersättande produkter och nya aktörer för att se om det finns hot som kan förändra status quo. Hjälper den nuvarande situationen dig? Om du är svag i din strategiska grupp kan det vara klokt att överväga sätt att störa status quo. Om du är stark kan det vara en idealisk tidpunkt för att överväga sätt att ytterligare stärka din ställning eller försöka störa saker och ting innan en mindre konkurrent når dit först.

Kontext

Du behöver inte låta dig begränsas av din strategiska grupp, men det kan vara till stor hjälp att förstå den. De flesta företag startas som svar på strategiska grupper. Antingen lär sig en person den strategiska gruppens regler och kopierar dem, eller så reagerar han eller hon på en upplevd lucka eller svaghet genom att starta ett företag för att göra något annat.

En metod för att se en strategisk grupp tydligare är att kartlägga dess medlemmar i förhållande till ett par konkurrensrelaterade egenskaper. Dessa strategiska kartor hjälper till att klargöra positioneringen av medlemmarna i en grupp.

Strategiska kartor kan också hjälpa dig att se var det strategiska utrymmet är mest trångt och var möjligheterna finns. Om till exempel alla återförsäljare betjänar marknaden för högmodigt mode och medelpris är det möjligt att ta hand om de övre (lyx) eller nedre (värde) segmenten.

Strategiska kartor längs de traditionella konkurrensdimensionerna kan också på ett kreativt sätt utvidgas till flera dimensioner. Tänk på vad som skiljer dina strategiska konkurrenter från varandra utöver deras placering på den strategiska kartan.

- Varför går det bättre eller sämre för dem än för dig?
- Hur försöker de differentiera sig?
- Flyttar de sig snabbare? Siktar de på en yngre eller äldre kundkrets?
- Är deras varumärke mer distinkt? Är det mer radikalt?

Gör de något speciellt i reklam och marknadsföring? Har de en annorlunda värde- eller leveranskedja?

Målet är att förstå andra företag tillräckligt bra för att veta hur man ska reagera, kopiera, förbättra eller differentiera sig. Du är inte låst i din strategiska grupps begränsningar. Det är dock inte meningsfullt att helt ignorera deras existens eftersom du kan provocera dem till direkt konkurrens vare sig du vill det eller inte.

Laker Airways var det första lågprisflygbolaget med transatlantiska flygningar. Företaget tittade på sin strategiska grupp och fann att alla hade ignorerat budgetresenärer eftersom deras höga kostnader och komplexitet gjorde dem olönsamma. Laker startade mycket framgångsrikt med ett antal innovationer, men hade ignorerat sin strategiska grupps förmåga att starta ett priskrig som man inte kunde vinna. Som ett resultat av detta gick företaget i konkurs fem år efter starten.

Virgin Airlines lärde sig av Lakers strategiska misstag. Företaget förstod något av den hårda taktik och de "smutsiga trick"-kampanjer som man kan förvänta sig av traditionella rivaler. Företaget lärde sig också att det måste ha ett utbud av tjänster som gör det möjligt att konkurrera under hela året och som inte främst är beroende av priset.

Ryanair, easyJet, Southwest och JetBlue är alla exempel på lågprisbolag som lärt sig att undvika en del av den direkta konkurrensen. De fastställde tydligare skillnader och stödde dessa med strategiska sätt att bedriva verksamhet som gjorde det svårt för traditionella konkurrenter att konkurrera.

Denna typ av lärande om dynamiken i strategiska grupper bidrar till att öka chanserna för att dina innovationer (eller dina blockeringstaktiker) ska bli framgångsrika. Okunskap kan vara ett användbart sätt att ifrågasätta accepterade normer och hitta nya strategier och affärsmodeller. Men erfarenhet är fortfarande till stor hjälp när det gäller att undvika uppenbara nybörjarmisstag eller att anta en strategiplan som är fatalt felaktig.

Utmaning

Att se över historien inom din strategiska sektor hjälper dig också att förstå hur förändringar tenderar att påverka. Som strategisk tänkare utvecklar du en syn på helheten (se sidan 57).

- Hur ofta sker förändringar i din bransch?
-
- Hur har medlemmarna i din strategiska grupp reagerat tidigare?

Vilken typ av förändring är de rädda för? Vad förstår de?

För det första vill du hitta grunden för konkurrensen inom ditt befintliga strategiska område, med tanke på vad din närmaste strategiska grupp gör. Du vill veta hur du ska spela med de traditionella reglerna för att undvika att bli pressad - till exempel pris, marknadsandelar, lönsamhet eller varumärkesvärde. Du vill känna igen tecken på att någon är ute efter dig och ha en rad scenarier i åtanke för att reagera (se sidan 198).

Nästa steg är att identifiera nya strategiska områden som ni kan ta er in på. Det kan vara befintliga marknader som är nya för er, så ni vill förstå tillräckligt för att kunna förutse de viktiga strategiska svaren från er nya strategiska grupp. Det kan vara nya marknader som ni vill skapa (se sidan 101). Även här är det möjligt att förutse vem du hotar och hur kunder och konkurrenter kommer att reagera.

En annan fördel med att identifiera nya (eller närliggande) strategiska områden är att det förbereder dig för varifrån konkurrensen kan komma. Om du funderar på att störa någon annans utrymme kan de tänka sig att göra detsamma.

- Är det lättare/svårare att flytta till lyx?
-
- Är det lättare/svårare att flytta till ett fynd?

Kan du sudda ut gränserna mellan vad de erbjuder och vad du redan erbjuder? Kan du förvandla produkter till tjänster eller tjänster till produkter? Kan du ändra karaktären på den affärsmodell som erbjuds?

Kan du tjäna dina pengar på någon annan del av värdekedjan?

Nå ut till kunder, icke-kunder och kommentatorer.

Vad är de nöjda med? Varför använder de inte din produkt? Hur använder de den i praktiken? Vad är de missnöjda med? Vad tycker de om reklam, erfarenhet, service och kvalitet? Är de redo för en förändring? Talar folk om en lucka på marknaden? Har någon gjort stora innovationer och misslyckats?

Skapa nya affärsmodeller

Din affärsmodell är din strategi för att skapa värde inom ett visst strategiskt område och hur du tänker omvandla detta värde till intäkter. Före internetrevolutionen fanns det många olika affärsmodeller, men de var inte ofta omtalade.

Internet har gjort det möjligt för entreprenörer och innovatörer att hitta nya sätt att leverera tjänster och få betalt för dessa tjänster. Du bör skriva ner hur du kommer att tillhandahålla värde till ett visst marknadssegment med en specifik värde- och leveranskedja. Sedan kan du börja leka med de accepterade affärsmodellerna i din strategiska grupp för att se om det finns möjligheter till innovation och ökade strategiska fördelar.

Framgång

Att få en uppfattning om dynamiken, reglerna och positioneringen är den första punkten när man tittar på strategiska grupper. Man vill veta vem man står mot. Du vill känna till reglerna så att du vet när du ska hålla dig till dem och när du ska bryta dem.

Du vill känna till förändringarnas rytm och form så att du kan få en känsla för timing. Om det ofta sker omvälvningar måste du vara beredd att reagera, anpassa dig och om möjligt gå före den strategiska gruppen. Om det inte har skett någon innovation under de senaste hundra åren kan du ha råd att ta god tid på dig och även överväga hur du bäst utbildar kunder och leverantörer inom ditt område.

Du kommer att få ut värde av processen om du förstår strategiska grupper, men nästa steg är att förenkla denna kunskap till strategiska val. Om det är du som fattar besluten måste det finnas ett beslut att fatta. Det kan handla om ett specifikt val mellan produkter eller om ett mer riktat val av strategiska områden. Även om det inte är du som ska fatta besluten vill du kunna beskriva de valmöjligheter som finns.

Om du kan förutse och tolka andras strategiska drag har du vunnit något värdefullt. Om du på ett kreativt sätt kan hitta sätt att skapa kumulativa (eller störande) fördelar för ditt företag är det ännu bättre. Detta kan ske genom att omdefiniera karaktären på din produkt, tjänst eller marknad. Det kan också handla om att skapa nya marknadsgränser.

grupper.

Fallgropar

Det är farligt att ignorera den traditionella strategiska gruppen. Det kan leda till att du inte har någon förståelse för hur de sannolikt kommer att reagera på dina strategiska val när det gäller pris, service, kvalitet och prestanda. Du kan förlora i de dagliga besluten om hur du ska konkurrera och hur du ska ta hand om dina kunder.

Det är också farligt att låta sig begränsas av den traditionella strategiska gruppens gränser och beteende. Nya aktörer kan skapa nya regler. Och befintliga konkurrenter kan utarbeta strategier och produkter som gör att hela företaget inte längre behövs.

Checklista för strateger

• Ta dig alltid tid att förstå de strategiska grupper som omger ditt företag och din strategi. Vilka är dina viktigaste konkurrenter och hur står de sig i förhållande till varandra? Du måste känna till svaren på dessa frågor. Om du inte gör det - ta reda på det eller anlita någon som redan vet. • Var flexibel och kreativ när du tittar på vad som kan hända härnäst i din strategiska grupp. Leta efter de bästa platserna i det tillgängliga strategiska utrymmet. Tänk på hur organisationens styrkor matchar kraven i det nya utrymme du hittar (se sidan 230) och vad du ska göra åt det. • Använd de olika verktygen i verktygslådan på ett kreativt sätt för att försöka hitta effektiva strategiska åtgärder och potentiellt attraktiva strategiska utrymmen.

Relaterade idéer

Clayton Christensen argumenterar i sin bok The Innovator's Prescription för kraften i Business Model Innovation (BMI) som ett sätt att ändra reglerna och störa en strategisk grupp eller till och med en hel bransch. Ofta med stöd av tekniska framsteg ändrar BMI källan till pengar eller värde och lämnar konkurrenterna isolerade.

I Business Model Generation av Alexander Osterwalder och Yves Pigneur introducerades Business Model Canvas som en metod för att sammanställa dessa olika alternativ.

En viktig skillnad mellan innovation och strategi är att innovation per definition handlar om nya idéer, medan strategi inte nödvändigtvis är nytt. En viktig likhet mellan innovation och strategi är att båda innebär en risk för misslyckande och att båda kräver anpassning och lärande för att lyckas och fortsätta att lyckas.

På en allmän nivå är affärsmodellinnovation ett medvetet försök att förena strategin med nya idéer för att leverera och fånga värde. Det har redan blivit en officiell prioritering för en växande majoritet av stora organisationer. De väntar inte på externa chocker för att tvinga fram nya anpassningar. I stället söker man aktivt efter sätt att störa befintliga marknader och konkurrenter. Detta kräver, som Luis Martins från McCombs School of Business påpekar, en förändring av de mentala scheman. Du behöver en inre chock som leds av fantasi, nyfikenhet, lekfullhet och ambition.

Att utveckla ditt företag (om och om igen)

Strategi är inte något man gör en gång och sedan följer för alltid. Om du vill växa måste du hela tiden se över din strategi för att se om den fortfarande passar. Och även om den passar måste du komma på nya åtgärder som gör att strategin fungerar när du växer.

Frekvens: Kvartalsvis.

Viktiga deltagare: Du och din organisation.

Oracle började med en idé och tre personer. Under de kommande fyrtio åren växte företaget till nästan 40 miljarder dollar i årliga intäkter och blev vid ett tillfälle världens näst största programvaruföretag. För att fortsätta växa har det krävts en smart blandning av strategier. Bland annat har man kallat sin ursprungliga produkt för version 2.0 för att uppmuntra kunderna att tro på dess tillförlitlighet och anlitat den före detta VD:n för en viktig konkurrent för att få in viktig expertis och kontakter. Och när den ursprungliga tillväxtkurvan planade ut fortsatte företaget med strategiska företagsförvärv för att skapa nya tillväxtkällor. Tyvärr sker den mesta tillgängliga tillväxten nu på molnbaserade marknader som domineras av konkurrenter. Och många av de strategier och attityder som varit framgångsrika tidigare verkar mindre relevanta, till och med kontraproduktiva, i den nya verkligheten. Detta uppdrag har - liksom allt annat - utvecklats i strävan efter evig tillväxt.

Mål

Organisationer genomgår olika livsstadier. De upplever livshändelser. Du tar dina första små steg, får temperamentsutbrott, tonårsakne och tonårsångest. Det finns kriser mitt i livet.

Och om ingen gör något för att stoppa det, så kommer företaget att förfalla och slutligen dö.

Organisationer begränsas dock inte av ålder. De kan överleva och sedan växa för evigt. De kan överleva de människor som startade dem. Och de kan övervinna en rad tillväxtkriser genom att ständigt förnyas och återfödas.

Strategi handlar om att anpassa sig till omständigheterna för att uppnå särskilda mål. När omständigheterna förändras med tiden måste strategin, eller de särskilda tillvägagångssätt som används för att omsätta strategin i handling, förändras.

Din strategi måste vara en ständig process snarare än ett dött dokument. Den måste också se längre fram än dagens händelser. Den bör förutse utmaningar, hot och möjligheter för nästa månad, kvartal, år och årtionde.

Sammanhang

Allt har en livscykel. Det finns livscykler för produkter. Det finns industriella livscykler. Den strategiska grupp som du ingår i har en livscykel. Det kommer även din organisation att göra. Det gör även din strategi.

Först kommer man in (eller födseln), sedan växer man, mognar och till sist går man tillbaka. Varje fas har förväntade hot, möjligheter och standardåtgärder. Du behöver inte följa dessa standardreaktioner, men det är vettigt att känna till dem, att känna till reglerna innan du bryter mot dem.

En del av detta beror på efterfrågan på dina produkter. I början av verksamheten måste du hitta resurser och talanger. Därefter arbetar du hårt för att få uppmärksamhet. Din strategi kommer att nå ut till innovatörer och visionärer som vill prova nya saker. Din marknadsföring kommer att behöva väcka uppmärksamhet hos dem som skapar trender och jagar cool.

Nästa steg är att försöka överbrygga klyftan mellan innovatörerna och de tidiga användarna som utgör den första delen av massmarknaden. Detta innebär ofta att marknadsföringen måste ändras och att organisationen måste byggas upp för att kunna hantera en större efterfrågan. En tidig framgång måste följas av en konsolidering.

Strategins och innovationens livscykler

Denna konsolidering och ökande mognad är en naturlig del av företagets och produktens livscykel. Processen leder också naturligt till en ny kris. Varje fas skapar problem och varje problem kräver en lösning. Lösningarna är en blandning av standardsvar och nya innovationer.

Som strateg är det din uppgift att se helheten så att du kan skapa en strategi som formar framtiden. Du kan använda dessa modeller för att förutse vad som sannolikt kommer att hända med din organisation över tid.

- Vilket stadium har din organisation nått?
-
- Hur långt har din bransch kommit?
- I vilket skede befinner sig dina produkter och tjänster?

Vilken kris har din organisation upplevt? Vad kommer att hända härnäst?

Prioriteten är att överleva. För detta måste du vidta standardåtgärder. Men målet är att bli mer framgångsrik. Och detta är ofta det mest effektiva sättet att överleva - att se bortom överlevnad som mål och omfamna tillväxt som mål.

- Hur har din organisation vuxit tidigare?

- Hur snabbt kommer den att växa om de nuvarande trenderna och
- konkurrensen fortsätter?
-
- Vad är organisationens tillväxtmotor?

Vem behöver den för att fortsätta att växa?

Vilka organisationer, marknader och produkter kan bidra till tillväxten?

Utmaning

Kontinuerlig tillväxt är en serie tillväxtkurvor med nya kurvor som startar innan organisationen slutligen går ner. Organisationens interna utmaningar måste lösas för att hitta nya produkter som uppfyller behoven hos nya och befintliga kunder. Och allt samtidigt som man måste ta itu med konkurrenterna.

Det är strategins uppgift att övervinna dessa problem. Du behöver praktiska lösningar på specifika problem. Du behöver också fantasifulla lösningar som inspirerar och engagerar anställda, leverantörer och kunder. Strategi är en kombination av nya visioner som är tillräckligt nya för att ge ny energi och tillräckligt trovärdiga för att man ska tro på dem.

Passar organisationens och strategins olika delar ihop?

Du vill ha en strategi som passar kraven på en växande marknad. Om du inte befinner dig på en växande marknad måste du ta reda på hur du kan vända på det eller hitta en ny marknad. Du vill ha en organisation som har den kompetens som krävs för att omsätta din strategi i praktiken. Om du har fel kompetens och fel personer kan din strategi ändå misslyckas eftersom den inte kan gå från teori till handling.

Arbeta med logiken i din strategi och sedan med den praktiska verkligheten. Leta efter motsättningar mellan det du vill åstadkomma och det sätt på vilket du är organiserad.

Behöver din organisation delas upp?

Även om du har de rätta delarna på rätt plats i allmänhet, kan de fortfarande röra sig för långsamt. Det är också möjligt att de förändras för långsamt när nya förändringar kommer.

Ibland blir företagsfunktionerna överväldigade av att hantera kraven på planering för en komplex organisation. Som svar på detta införs fler och fler regler och fler och fler lager av beslutsfattare och verkställare. Detta förvärrar problemet. Det enda sättet att frigöra fältets talanger och effektivitet är att öka fältets självständighet. Man måste ge befogenheter, decentralisera och avlägsna företagens artärer.

Finns det tillräckligt många konstruktiva konflikter i din organisation?

Man behöver precis tillräckligt med oenighet för att göra framsteg. För mycket enighet innebär att det inte finns några nya idéer, ingen kritik och ingen förbättring. För mycket oenighet innebär att det aldrig sker några åtgärder eftersom människor inte kan komma överens tillräckligt länge för att få något gjort.

Som strateg bör du observera konfliktnivån. Se om den är öppen, transparent och konstruktiv. Eller är den sluten, dold, med smarta människor som biter sig i tungan och håller tyst om sina bästa idéer?

Har din organisation lärt sig att överskrida motsättningar och konflikter?

En av de värdefulla rollerna som kreativ strategi kan spela är att övervinna konfliktkällorna. Först måste man identifiera områden där man inte är överens - vilket är lättare om folk är öppna om det. Man letar också efter motsättningar mellan det sätt på vilket ni driver er verksamhet och den strategi som ni är tänkta att följa. Slutligen letar man efter smarta sätt att övervinna dessa konflikter och motsättningar.

Denna process är aldrig perfekt och ofta rörig, men det är det enda sättet att ta reda på vad som ska göras härnäst och engagera människor i problemlösningsprocessen och genomförandet av lösningen.

Framgång

Du kommer att förstå var du befinner dig i olika livscykelmodeller. Du vet om din organisation är ung, medelålders, livskraftig eller på nedgång. Du kommer också att ha en tydlig bild av tillväxtstadiet för din bransch och de produkter och tjänster du erbjuder. Var och en av dem kan befinna sig i olika stadier och dessa kommer att överlappa varandra.

För att du ska kunna använda dina kunskaper praktiskt (och strategiskt) kommer du att undersöka de typiska krispunkterna i samband med din plats i olika livscykler. Du kommer till exempel att veta om dina produkter är nyfödda och innovativa i en bransch som är mogen och på tillbakagång (se del sex: Strategibokens verktygslåda).

Helst ska du utveckla strategiska svar på din plats i företagets livscykel för att identifiera nya vägar för strategisk förnyelse. Ni kommer att leta efter nya tillväxtkurvor som kan startas tillräckligt tidigt för att ersätta produkter på nedgång. Och ni kommer att försöka identifiera helt nya kurvor som kan ta organisationen till nya tillväxtnivåer som helhet.

Du kommer att titta specifikt på vad som måste ändras för att undvika att falla ner från ett tillväxtklipp och acceptera en terminal nedgång. Detta är ett värdefullt arbete. Många organisationer förnekar att de har ett kroniskt hot. Andra erkänner hoten men kan inte se någon utväg, medan vissa organisationer ser en utväg men kan inte komma på hur de ska göra de förändringar som krävs för att nå dit.

Fallgropar

Det är lätt att anta att det du gjorde för att lösa det senaste tillväxtproblemet kommer att vara svaret på nästa tillväxtproblem. Det motsatta är ofta sant. Till exempel kräver tillväxtens utmaningar struktur och process, men strukturens utmaningar kräver kreativitet och självständighet. Detta skapar fara för organisationen eftersom tidigare svar sällan kommer att fungera. Varje ny utmaning kräver ett snabbt lärande av befintliga anställda och ledare. Det kan också behövas personer med erfarenhet av den utmaning man nu har.

Försök att skapa en strategi för tillväxt kan bromsas (eller till och med saboteras) av dem som känner att de har mer att förlora i den nya världen. Föreställ dig att du är ledare för en avdelning som är stämplad som "kassako" eller "hund". De kanske inte ser någon anledning att ge upp resurser för att finansiera tillväxten för stigande stjärnor. Eller så vill de kanske inte låta en nykomling kannibalisera deras produkter eller tjänster.

Detta skapar en svår situation där organisationen vet vad den borde göra men inte gör det. Blockbuster, till exempel, visste att postuthyrningen och videostreaming var framtiden, men de kunde helt enkelt inte förmå sig att göra de nödvändiga förändringarna.

Samma sak gällde i styrelserummen hos Ford, GM och Chrysler. De visste att konkurrensen kom från Honda, Nissan och Toyota, men kunde inte göra de nödvändiga förändringarna. Man måste omvandla den långvariga nödsituationen till något mer övertygande. Använd brådska för att skapa drivkraft.

Checklista för strateger

- Identifiera företagets stadium i företagets livscykel.
- Använd strategens verktygslåda för att lokalisera dina viktigaste produkter och tjänster i deras livscykler.
- Överväg kreativt hur du kan förhindra nästa nedgång genom strategisk förnyelse av produkter, tjänster och personal.

- Använd tekniker för scenarioplanering för att tänka framåt. Arbeta tillsammans med andra grupper för att föreställa dig olika framtider och överväga dina alternativ (se sidan 198).
- Lista områden som blockerar förändringar som redan har identifierats. Fundera på hur dessa kan övervinnas för att tillväxten ska kunna fortsätta.

Relaterade idéer

Burgelman och Grove (före detta VD för Intel) föreslår att fortsatt tillväxt kräver att ledaren växlar mellan autonomi och kontroll vid olika tillfällen. I deras artikel används uttrycket "Låt kaos råda, och sedan återinföra kaos" för att uttrycka deras metod (se sidan 224).

Du kan njuta av bekvämligheten med att utnyttja det du redan har, men du riskerar att hamna på efterkälken hos mer fantasifulla konkurrenter. Eller så kan du ta dig an det obehagliga i att utforska det som inte är beprövat, men du riskerar att lägga tid och pengar på saker som du inte vet om de någonsin kommer att fungera. Det är ett svårt val.

Ming Piao och Edward Zaja har nyligen gjort ett arbete som påminner om att smarta strateger kan göra mer nyanserade val. De hävdar att upprepad exploatering verkligen står i vägen för nya idéer. Men en exploatering som är inkrementell, eller iterativ, kan möjliggöra ett riktigt smart sätt att få värde från nya idéer utan att satsa företaget.

Att bli global utan att gå i konkurs

Det finns enorma möjligheter för det internationellt inriktade företaget. Allt som krävs är ett strategiskt beslut att inte bara vara ett företag som bara är verksamt i ett land. Naturligtvis kan du expandera för långt och för snabbt och ångra det. Men du har chansen att bli ett globalt varumärke.

Frekvens: Översyn regelbundet och vid behov.

Viktiga deltagare: Du och din chef.

Vodafone var det första mobiltelefonbolaget i Storbritannien. VD:n samarbetade med amerikanska kontakter för att utveckla den ursprungliga tekniken. Han såg till att företaget höll ögonen öppna utanför de nationella gränserna för att hitta nya möjligheter. Detta resulterade i detta,

Vodafone genomförde också det första internationella roamingsamtalet med partners från Finland. Vodafone insåg valet mellan att växa och att bli dominerad.

Vodafone expanderade globalt genom partnerskap och förvärv. Vodafone gjorde affärer och köpte konkurrenter för att hitta fler kunder till sina centrala mobilprodukter. Företaget sålde dotterbolag för att finansiera investeringar i snabbväxande länder. Vodafone blev ett av världens mest värdefulla varumärken med en halv miljard kunder i trettio länder. Men 2018 innebär en förlust på flera miljarder dollar att det har blivit mycket mer brådskande att återgå till lönsamhet än att expandera globalt. Vodafone befinner sig med begränsad ekonomisk frihet, ligger efter sina rivaler när det gäller nätverkshastighet och spenderar stora summor för att återvinna kunder som man förlorar till följd av dålig kundservice och hård konkurrens.

Mål

Världen är stor. Och eftersom det är en stor plats kommer det alltid att finnas fler möjligheter till tillväxt utanför ditt land än inom landet. Om du begränsar dina ambitioner till den nationella marknaden kommer du aldrig att nå din affärsverksamhets potential. Du kan vara det mest beundrade företaget på din egen bakgård, i din egen stad eller region, men det kommer att hindra dig från att uppnå många mycket attraktiva mål.

- Hur kan en global expansion ge bättre möjligheter?
- Skulle ni kunna undvika vissa hot genom att expandera globalt?
- Vilka är de mest effektiva strategierna för global expansion?

Varför skulle en global expansion misslyckas? Vad kan hindra dig?

Oavsett vilken bransch du är verksam i finns det en chans att en större konkurrent kommer och gör det svårt för dig att överleva. Denna större konkurrent blir vanligtvis större genom att göra affärer på fler ställen än du. Den har extra resurser. Den kan anställa fler personer. Den kan anställa fler talanger. Den har storleksfördelarna på sin sida. Den jämför sig med de bästa i världen, inte med de bästa i landet. Det har högre standarder, fler idéer och större ambitioner.

Det finns hot på alla marknader. En del av dessa hot minskar om man expanderar utanför de nationella begränsningarna, delvis för att man växer sig större - man tar konkurrenskampen till andra länder innan de tar den till en själv.

Kontext

Du behöver inte vara stor för att vara internationell - du behöver bara göra affärer med någon i ett annat land. Globalt är något annat.

Traditionellt har de största handelsgrupperna varit USA, Japan och EU. De bedriver mest internationell handel och har de mest globala varumärkena. Många av exemplen i den här boken är från dessa tre eftersom de blev de största och mest globala före andra länder och kontinenter.

Den större bilden håller på att förändras. Kina är nu världens största ekonomi. De snabbast växande ekonomierna finns alla i utvecklingsländerna. Och - vilket är ännu viktigare - de går från att bara leverera varor till globala varumärken till att utveckla (eller köpa) sina egna internationella varumärken.

De utvecklade marknaderna är de största och utvecklingsmarknaderna de snabbast växande. Hur som helst är det utanför varje enskilt land som det verkligen händer något. Du vill koppla ditt företags tillväxt till den globala tillväxten.

Utmaning

Det finns ingen enda garanterad global strategi som kommer att vinna. En del av det är nästan en slump. Du måste se utåt och utnyttja de globala möjligheter som dyker upp i din väg på bästa sätt. Coca-Cola, McDonalds och flera andra globala varumärken följde sina väpnade styrkor under och efter krig.

Att först göra rätt i det egna landet spelar en roll. Att bli en riktig nationell aktör (som Vodafone) kan vara till stor hjälp när det gäller att generera tillräckligt med inkomster, expertis och rykte för att kunna finansiera din internationella expansion. Walmart hade sådana fördelar när det gäller hantering av leveranskedjan och stordriftsfördelar att man kunde köpa framgång i ett antal andra länder.

Men nationell spetskompetens är inte hela historien. Det finns många exempel på nationellt dominerande företag som inte blir globala varumärken. Ibland försöker de inte - en brist på internationell ambition och erfarenhet stoppar försöket innan det har börjat. Ibland lyckas de inte - de har otur eller försöker tvinga fram sin strategi på internationella marknader utan att göra de nödvändiga förändringarna.

Walmart har blivit ett internationellt företag. Det är ett av världens största företag. Det är ett av världens mest värdefulla varumärken. Men trots sina fördelar är det inte riktigt ett globalt företag eller ett globalt varumärke. På många nationella marknader har det varit mycket svårt att komma igång eller att växa. I Storbritannien fann man en idealisk partner - ASDA - som hade baserat sin tillväxt på en idealistisk förståelse av Walmart Way. Men Walmart har gjort små framsteg i många länder (t.ex. Sydamerika), och i vissa (t.ex. Japan) har företaget kämpat på grund av bristande anpassning.

Om du har något unikt, eller åtminstone värdefullt, på din hemmamarknad är det möjligt att det finns en efterfrågan på det någon annanstans, trots utmaningarna. Det kan till och med vara så att det som är vanligt på din hemmamarknad är unikt i resten av världen. Tyskarna verkar vara mycket bra på att bygga lyxbilar: Audi, Mercedes och BMW. Japanerna verkar ha nyckelkompetens när det gäller att skapa konsumentelektronik: Sony, Toshiba och Nintendo. Italienarna är fenomenala på sportbilar: Lamborghini, Maserati och Ferrari.

Framgång

Redan själva beslutet om att bli globala verkar förändra sannolikheten för strategisk framgång. Detta fungerade för länder som beslutade att utforska världen och tog med sig rikedomar och kunskap hem. Det fungerar också för företagsledare som beslutar sig för att utforska världen. De kan ta med sig fantastiska idéer hem - som Red Bulls grundare som fick en idé i Sydostasien och sedan utvecklade den till ett globalt varumärke. De kan också fånga fantasin hos sina egna medarbetare och allmänheten - ofta genom själva drivkraften.

När du funderar på din globala strategi finns det många olika tillvägagångssätt. En är att noggrant förstå vilken typ av globalisering som ditt företag står inför.

- Hur globaliserad är din bransch?
-
- Hur globaliserat är ditt land?

Hur globaliserat är ditt företag redan?

Om du möter konkurrens från globala konkurrenter som också växer snabbt på andra håll i världen, är det viktigt att du blir global. Du måste åtminstone förstå dina alternativ. Om du väljer att förbli nationell eller regional bör du veta varför. Du bör också undersöka vad du kommer att göra åt de stora konkurrenterna nu - och framför allt i framtiden.

Du bör undersöka vilken erfarenhet du har av att växa och leda ett globalt företag. Om du inte har den typen av erfarenhet och kunskap kan det minska ditt förtroende för internationell expansion. Det finns vissa praktiska steg som gynnas av förstahandserfarenhet. Och det finns relationer som är ovärderliga för att bygga upp ett internationellt nätverk.

Du kan dra nytta av en global strategi på många olika sätt. Du kan försöka hitta nya marknader för dina befintliga (standardiserade eller något modifierade) produkter. Du kan leta efter nya produktionskällor för att kunna tillverka bättre eller billigare. Och du kan använda dina befintliga resurser för att utveckla nya produkter för nya marknader. (Använd tillväxtrutnätet på sidan 200 och andra verktyg globalt).

Det finns tendenser som talar för detta. Marknaderna börjar uppträda på relativt likartade sätt enligt (mer eller mindre) globala standarder och normer. Och enligt vissa kriterier börjar kunderna också bli likartade (inte likadana). Det är mer sannolikt att de har samma egenskaper inom olika segment (eller stammar) än inom ett visst land. Detta är inte en absolut regel, men den är till hjälp.

Att övergå till en global strategi ökar avsevärt en del av komplexiteten. Det finns nya lagar, sedvänjor, relationer, kundbeteenden och - oftast - språk. Det sistnämnda förklarar varför vissa globala strategier startar inom områden med gemensamt språk och till och med kultur. Men det är lätt att låta sig luras av likheterna i stället för att lägga märke till skillnaderna.

Fallgropar

Den mest uppenbara fallgropen är att man inte klarar av att hantera skillnaderna (stora eller små) mellan länder. Det är svårt att veta vad man ska ändra och vad man ska behålla som standard. Det är farligt att expandera för snabbt, särskilt om företaget gör långsiktiga ekonomiska åtaganden. Försök att hålla saker och ting tillräckligt flexibla för att kunna dra lärdomar och ändra sig.

Ett annat misstag är att tro att det bara finns ett sätt och en hastighet att bli global. Du kan börja långsamt i ett enda land genom en partner eller gå snabbt genom att förvärva företag över hela världen.

Checklista för strateger

• Förstå de fördelar du kan ha gentemot konkurrenter i olika länder. Finns det några styrkor i ditt land som gör att du har en vinnande position om du exporterar eller öppnar dig för internationella affärer? • På vilket sätt kan en ökning av storleken på ditt företags verksamhet ge dig fördelar? Dessa stordriftsfördelar och räckviddsfördelar kan ge dig fördelar som gör att du ligger före nationella konkurrenter i många eller alla länder. Detta gäller särskilt om ni är bland de första i er strategiska grupp och på er marknad att anta en global expansionsstrategi. • Tänk på fördelarna med en global strategi för lärande och innovation. Även om du inte öppnar lokaler i andra länder kan du öppna dig för partnerskap och kunskapskällor. Och när ni väl har gjort det kommer möjligheterna att expandera produkter och tjänster, särskilt via Internet, att bli mer uppenbara.

Relaterade idéer

Christopher Bartlett och Sumantra Ghoshal hävdar i sina arbeten, bland annat Managing Across Borders, att det finns tre nyckeluppgifter eller behov i den globala strategin: Behov av effektivitet - skapa en spridd, ömsesidigt beroende och specialiserad värdekedja, behov av nationell lyhördhet - övergå till en federal struktur med olika enheter och behov av innovation - utveckla ett samtidigt centralt, lokalt och globalt lärande.

Att veta vad du kan göra bäst

Varje företag är en samling kompetens och resurser. Varje företag kombinerar dessa färdigheter och resurser på unika sätt med processer, teknik och kultur. Detta i kombination med specifika beslut på en specifik marknad leder till resultat.

Frekvens: Regelbundet och årligen.

Viktiga deltagare: Du och din organisation.

Google växer när man gör det man är bäst på, och det framgår tydligt av den officiella strategin. Google vill "organisera världens information och göra den allmänt tillgänglig och användbar", och är bra på att göra just det. Google har lyckats revolutionera sökningen, inte bara sökning efter text utan även efter video, bilder, ljud, böcker och nyheter. Tack vare sin förmåga att göra sökningar kunde företaget förstå (och dra nytta av) värdet av YouTube.

Men när Google ger sig in på områden som de inte förstår sig på, stannar de upp. Google har till exempel lanserat konkurrenter till Facebook flera gånger utan framgång. Detta är det strategiska tänkandet bakom Googles nya holdingbolag Alphabet. Detta är någonstans för att bli bäst på drönare, hemautomation, självkörande bilar och rymdresor. Det är bortkastade pengar om de investerar i nya marknader utan att bli bättre. Det är pengar som investeras endast om Google blir bäst på dessa nya marknader.

Mål

Möjligheten är att bättre förstå din kompetens och dina resurser så att du kan fokusera på dina styrkor. Du kan leverera produkter och tjänster bättre (eller mer originellt) än någon annan. Du kan upptäcka vad ingen annan kan göra.

På sätt och vis försöker du hitta en "orättvis" fördel, något som du kan leverera bäst på grund av din speciella kombination av kunskap, relationer, varumärke och resurser (se sidan 70).

- Vad kan du göra riktigt bra?
-
- Vad kan du göra som konkurrenterna inte kan?

Hur kan du använda dina unika förmågor och färdigheter för att leverera det som kunderna verkligen vill ha?

Fundera noga över detta. Inte bara en gång utan ofta. Försök inte bara kopiera vad en konkurrent gör. Tänk på ditt sätt att arbeta och hur det kan vara svårt att kopiera. Fundera sedan på hur du kan överdriva fördelarna med det du gör.

Toyota bestämde sig för att konkurrera med Mercedes i lyxbilssegmentet. Men i stället för att kopiera det sätt på vilket Mercedes tillverkade lyxbilar använde man sitt eget unika produktionssystem för att tillverka bilar snabbare, till en mycket lägre kostnad och med bättre kvalitet. Toyota visste vad man var bra på och använde denna förmåga som en strategi för att konkurrera med Mercedes kunskap om lyxbilar.

Helst vill du hitta något som är svårt att kopiera (oefterhärmligt), hållbart, svårt att ersätta, lätt att tjäna pengar på och uppenbart överlägset ur kundens synvinkel.

Sammanhang

Strategi handlar inte bara om åtgärder och möjligheter. Det handlar om att ta reda på hur möjligheterna förhåller sig till dina styrkor och svagheter. Om du inte kan göra något som är nödvändigt för att din plan ska lyckas, kommer din plan inte att lyckas om du inte kan fylla luckan. Alternativt kan du stanna vid planer som är beroende av styrkor som du redan har. Detta är särskilt kraftfullt när dina styrkor är relativa till andra inom samma konkurrensområde. Det är ännu mer kraftfullt om du skapar en strategi utifrån en överlappning mellan styrkor och möjligheter.

- Hur kan du göra din strategiska lucka till en strategisk sträcka?
-

Hur kan du bygga från det du är till det du vill vara?

Denna typ av strategisk sträcka kan vara mycket attraktiv, men kan bara lyckas om man förstår klyftan. Mer specifikt är det troligare att man förstår det om den strategiska sträckningen kan göras mer eller mindre naturligt från en stark position till en utökad stark position.

Utmaning

Om du behöver fylla luckor kan en del av luckorna fyllas med hjälp av inlärning. Vissa svagheter kan åtgärdas genom utbildning. Andra svagheter kan åtgärdas genom att rekrytera personer med den erfarenhet och kompetens som ni tror att ni behöver. Men det finns svårigheter med alla dessa metoder.

Eftersom det är svårt och kostsamt att få nya förmågor är det viktigt att ställa följande frågor:

- Är möjligheten värd den ansträngning och risk som det innebär att skaffa sig nya förmågor och styrkor?

- Är hoten tillräckliga för att övervinna inbäddade svagheter?

Det tar tid att lära sig. Och även engagerade försök till lärande - särskilt på företagsnivå - kan ha svårt att komma längre än organisationens kärnkompetens. Om du ska börja lära dig att utvidga det du är bäst på, kommer det att kräva utmaningar i ditt sätt att tänka. Och denna utmaning måste spridas från toppen genom hela organisationen - med externt stöd och inbäddade interna insatser.

Rekrytering kan vara en genväg till kunskap, men om de rekryterade personerna är en minoritet eller inte kan förstås kommer deras framgång att begränsas. Många företag har anlitat experter, men deras expertis har sedan trubbats av organisationens befintliga fördomar. Styrkor kan komma i vägen eftersom det verkar vara mer effektivt att göra det man är bäst på.

Framgång

Nyckeln till framgång är en flexibel och tydlig förståelse för organisationens styrkor - vad ni gör bäst - och hur de förhåller sig till de strategiska möjligheter som står till buds.

Oroa dig inte om allt detta verkar svårt att förstå. Hela området med kärnkompetenser och resursbaserad syn (RBV) har varit ett problem för chefer och akademiker i årtionden. Svårigheten är det som gör att det är värt ansträngningen.

Det är kreativiteten med vilken du använder dessa grundläggande styrkor som kommer att möjliggöra eller begränsa din utveckling. Kan du se den större bilden i samband med dina styrkor? Kan du dra fram något grundläggande ur de samlingar av CV, färdigheter och resurser som din organisation har tillgång till? Vad skulle det vara lättare för dig att göra än dina konkurrenter? På vilka områden skulle det vara värt att göra dyra ansträngningar för att skaffa sig nya färdigheter?

Framgång innebär också att du måste förstå begränsningarna i dina nuvarande styrkor. Vilka faror finns det med att stanna inom din bekvämlighetszon för förmågor? Det finns en risk för en slags karikatyr av förmågor där du bara gör det du har gjort tidigare och där du överdriver de delar som du är bra på på bekostnad av det du inte förstår.

Fallgropar

Att förstå vad du är bäst på är inte meningen att det ska hindra dig från att lära dig. Nya färdigheter och kunskaper behövs fortfarande. Sökandet efter vad du är bäst på kan förväxlas med att bara leta efter vad du har gjort bra och upprepa det.

Om du slutar lära dig eller begränsar din strategi till det som har fungerat tidigare begränsar du din framtida tillväxt. Du försämrar också din förmåga att anpassa dig till nya utmaningar och möjligheter. Målet är att förstå vad du är bra på på ett mer flexibelt och holistiskt sätt.

Checklista för strateger

• Utforska dina styrkor i detalj, men leta alltid efter kärnan i dina styrkor. Arbeta tillsammans med dina kollegor för att sammanfatta dina viktigaste styrkor på ett tydligt sätt. Tänk dig att du skriver en annons för dina förmågor snarare än för dina produkter eller tjänster. Vad är sloganen? • Använd SWOT-analysen (se sidan 182) på ett mer kreativt sätt för att undersöka kopplingarna mellan möjligheter och styrkor. Leta efter kopplingar som skulle göra det möjligt för dig att följa möjligheterna mer effektivt än konkurrenterna. • Tänk på kostnaderna för att skaffa nya möjligheter. Tro inte bara att det räcker med ambitionen att lyckas på områden där du är svag. Försök att dra lärdom av tidigare försök att utvidga varumärket eller företaget till nya områden. • Var öppen med vad dina kärnkompetenser är och vad de kan bli. Är det din förmåga att lära dig? Är det din förmåga att snabbt slutföra uppgifter? Kan din förmåga att anställa bli en kärnkraft? Varje del av värdekedjan kan vara en källa till konkurrensfördelar, så fundera ut hur de kan kombineras för att ge den fördelen.

Relaterade idéer

Jay Barney, professor i strategisk förvaltning vid University of Utah, är nära förknippad med den resursbaserade synen (RBV). Han hävdar att det kan bli svårare att kopiera samlingar av resurser och kapacitet. Dessa oefterhärmliga resurser kan utgöra grunden för hållbara konkurrensfördelar om strategin utformas kring dem.

Strategi är inte en solosport. Strategi och kultur bör äta frukost tillsammans.

Femte delen

Få din strategi att fungera

Styrkan i strategin ligger i att forma din framtid. Detta innebär att en strategi måste fungera i verkligheten för att vara användbar. Många strategier skapas för en fiktiv värld där det räcker med att skriva ner mål för att uppnå dem. Det är en värld där order från avlägsna chefer omedelbart följs och där varje antagande i strategin förblir sant för alltid.

Den skickliga strategen nöjer sig inte med att skapa ett strategidokument. Målet för den skickliga strategen är att forma framtiden, så han eller hon är intresserad av hur man får sina strategier att fungera. En del av detta handlar om hur strategin skapas. Hela processen kan utformas för att öka idéernas verkliga värde och öka engagemanget för strategin.

Det som kommer att hända är en blandning av det du tänkt dig och det som framkommer i det som människor faktiskt gör (inklusive det som de gör bäst). Din strategi kan inte se alla hot och möjligheter som kommer att uppstå mellan ett år och nästa och den kan inte se alla nivåer i hierarkin.

Strategiprocessen blir effektivare om fler personer deltar och om man tänker mer noggrant på olika scenarier i framtiden. Du bör fundera på hur förändringar sker och hur du kan skapa en strategi som arbetar med mänskligt beteende (och för individens bästa) snarare än mot det.

Många saker kommer att gå fel innan du når ett visst slutmål. Själva målet kan behöva ändras för att organisationen ska kunna överleva eller växa. Organisationen kommer att möta många olika kriser i samband med tillväxt eller nedgång. Och det är strategins roll att förbereda organisationen för att bättre kunna möta dessa utmaningar.

Hantera din strategiprocess

Strategi är inte riktigt en solosport - inte ens om du är vd. När den är som mest effektiv involverar den människor och kunskap på alla nivåer, både inom och utanför organisationen. En del av detta är att organisera skapandet, mätningen och genomförandet av strategin på smarta sätt som fungerar.

Frekvens: Månadsvis och årligen.

Viktiga deltagare: Du och din organisation.

GE:s gamla vd beslutade att företaget skulle växa organiskt två eller tre gånger snabbare än BNP genom att lägga ner flera år av anställdas tid på att omarbeta sin strategiprocess. Tyvärr blev de följande tjugo åren en stark påminnelse om att processen inte ersätter strategin. Kostnaden för den bortkastade tiden var en skuld på 100 miljarder dollar, investeringar i olönsamma, föråldrade branscher, statliga räddningsaktioner och en förlust av halva marknadsvärdet. Fetmodiga adjektiv hade dolt en bristfällig strategi.

Den nyaste vd:n är den första utomstående i GE:s historia. I stället för att försöka fortsätta en tradition av framgång är syftet med den nya VD:ns strategiprocess att undvika misslyckanden. Han har bett om uppriktighet och ödmjukhet i stället för tjusiga slogans och förvirrande flödesscheman. Den tidigare vd:n mixtrade med strategiprocesser och lovade djärv tillväxt, men den nya vd:n vill ändra den strategiska kultur som omger strategiprocessen för att rädda företaget.

Mål

Det finns många olika processer för strategihantering. Små (och stora) företag kanske inte har någon formell process. De kommer fram till vad de gör efter hand. Stora (och små) företag kan ha en formell cykel för strategiplanering som börjar tre till sex månader före början av nästa räkenskapsår.

I denna formella process förväntas enskilda avdelningar skapa planer som skickas uppåt i hierarkin. Dessa planer bidrar till företagsstrategin, som sedan skickas nedåt i hierarkin igen. Vid denna tidpunkt inleds ofta någon form av förhandling om resurser och ekonomiska mål och strategin följs mer eller mindre, eller ignoreras mer eller mindre, beroende på organisationens traditioner.

Vissa organisationer börjar på toppen och berättar bara vad de ska uppnå, medan andra försöker involvera alla eftersom de behöver allas idéer och hjälp för att få strategin att fungera. För vissa företag är det ytligt - och få människor är ens medvetna om vad som har överenskommits. För andra kan det vara smärtsamt detaljerat när politiska spel spelas samtidigt som byråkratin stryper all kreativitet som fanns i de ursprungliga planerna.

Idealiskt sett bör strategiprocessen engagera hela företaget kontinuerligt under hela året. Strategin är företaget och företaget är strategin. Det följer av detta att det är till hjälp att man på ett fantasifullt och kunnigt sätt engagerar sig i en flytande och dynamisk strategiprocess.

Sammanhang

Strategihanteringsprocessen består av flera delar. Du kan använda alla dessa eller bara några av dem. Det viktiga är att vara medveten om dem och sedan kunna börja utforma en process som effektivt bidrar till organisationens resultat.

Den traditionella strategiplaneringscykeln börjar ofta med en granskning på högsta nivå av de framsteg som gjorts i förhållande till föregående års plan. I verkligheten har denna granskning gjorts under hela året - resultaten är vanligtvis kumulativa även om det ofta finns överraskningar mot slutet.

Detta är alltid strategiskt i den meningen att det bygger på den högsta ledningens övergripande åsikter. Men ofta är det inte strategiskt eftersom det inte tar hänsyn till helheten. Den tänker ofta inte på företagets tillstånd, dess ställning på marknaden, vart detta sannolikt kommer att leda, med tanke på resultat och trender, eller om uppdrag, mål, syfte eller källor till konkurrensfördelar bör ändras.

Det finns en tendens att bara överföra strategin från ett år till ett annat. Man gör ganska enkla prognoser om vad som kommer att hända i framtiden. Dessa tillämpas på nya mål för det nya året. De tenderar att justeras uppåt om trycket från aktieägarna är stort. De kan justeras nedåt om trenderna verkar motverka en lätt tillväxt.

Ibland är planerna detaljerade, antingen samlade från enskilda funktions- eller affärschefer, som sedan sammanställs i ett enda dokument och distribueras på nytt med några få justeringar. Eller så samlas detaljerna i planerna in från mål som fastställs i organisationens topp, som kommuniceras till mitten och sedan förhandlas innan ett slutligt avtal ingås om mål, investeringar, planer och löner. I båda fallen är planeringen fragmentarisk och målen är en kompromiss.

Utmaning

Problemen med traditionella planeringsprocesser är många. Man ägnar inte tillräckligt med tid åt att på ett fantasifullt sätt undersöka strategin. Den befintliga strategin accepteras utan att man prövar antaganden, önskvärdighet eller trovärdighet.

Avsätt tillräckligt med tid för att ledningsgruppen (och de olika nivåerna nedanför) ska kunna se till den större strategiska bilden. Inte bara en dag utan en vecka. Inte bara en gång om året utan två, tre eller fyra gånger om året. Ta in en begåvad facilitator för att göra den strategiska tiden effektivare, kreativare och roligare. Även månads- och veckomöten kan göras mer strategiska. Ni kan förvandla tid för agendor till tid för att tänka, för att överlista konkurrenterna och hitta verkliga konkurrensfördelar.

Snabba på och fördjupa strategiprocessen med hjälp av många fler personer inom och utanför organisationen. Detta behöver inte vara mödosamt. Du kan minska antalet månader som hela processen tar genom att involvera människor i ett fokuserat antal strategihändelser. Planera in dem mellan mötena med ledningsgruppen. Utforska strategin och olika scenarier. Undersök lärdomar från strategigenomförandet och tillämpa dessa lärdomar på din strategiska plan.

Skapa tillsammans en strategimodell som ska diskuteras i din organisation. Besluten fattas fortfarande på ett tydligt sätt, men de kan bli en verklig debatt med hela företagets deltagande. Om du kan förenkla strategin till en modell som är begriplig för alla kan de bidra till att få den att fungera. Om den har skapats tillsammans med dem har den en mening, så de är känslomässigt engagerade i sin strategi för att vinna. Måla upp den (och dess framsteg) på väggar och golv - låt folk veta.

Det här sättet är bättre eftersom det stöder en dynamisk strategi. Och dynamisk strategi är bättre anpassad till behoven i din dynamiska konkurrensmiljö. Hela organisationen, processerna och kulturen bidrar. De kan förbättra snabbheten och intelligensen i det ni lär er och hur ni reagerar.

Framgång

Ni kommer att lämna den långsamma, tråkiga förhandlingsprocessen en gång om året för att komma överens om ekonomiska mål. Ni kommer att utveckla en snabb, engagerande och kontinuerlig inlärningsprocess för att skapa en strategi som vinner genom att skapa kumulativa konkurrensfördelar.

Målen är fortfarande nödvändiga. Mätningssystem och finansiella kontroller har också sin roll att spela. Men undvik att göra dem mer jobbiga än de är värda. Fokusera dina ansträngningar på att uppmuntra den typ av strategiskt tänkande och agerande som skapar och levererar konkurrensfördelar.

Se till att du vet hur framgång ser ut för din strategi. Hur vet du att du gör framsteg mot att uppnå ditt uppdrag? Hur vet ni att er strategi fungerar? Hur kommer gruppers och individers bidrag till strategin att mätas? Strategin är tänkt att på effektivast möjliga sätt föra er från medel till mål. Om du inte vet hur framgång ser ut kommer du inte att kunna dra lärdom av det som händer.

Fallgropar

Strategiprocesser kan bli alltför vaga och skapa fler problem än de löser. De kan leda till att människor känner sig osäkra på vilken riktning de ska gå och hur de ska veta om de gör framsteg. Det är också möjligt att strategiförvaltningsprocessen ger lite engagemang eller förståelse. Människor kan känna sig klara över hur de kommer att belönas, men inte över hur det de gör kommer att bidra till helheten. Eller varför de ska bry sig om det.

Checklista för strateger

- Skriv ner (eller rita) den befintliga processen för strategihantering. Om ni inte har någon formell process, skriv ner hur målen i företaget bestäms. Din process kan vara mycket komplex eller nästan obefintlig. Hur som helst måste du veta vad den är så att du kan överväga om den är lämplig för ändamålet. Först då kan du omforma den för att skapa en bättre lösning. • Gör din strategiprocess till en strategi som handlar om strategi. De flesta strategiprocesser omfattar mycket lite strategi. Den verkliga strategin finns i människornas huvuden, medan processen handlar om att komma överens om ekonomiska mål utifrån förväntade resultat. Inför strategiskt tänkande och börja forma framtiden. • Involvera fler människor i strategiprocessen. Fråga människor i organisationen vilken typ av problem de står inför och vilka möjligheter de kan se. Använd dessa idéer när du organiserar ditt första riktigt strategiska planeringsmöte.

• Skapa dynamik. Behandla strategiprocessen som en strategikampanj. Börja med enkla samtal där du ställer frågor av strategiskt slag. Använd frågorna i den här boken för att påbörja (och förbättra) det strategiska samtalet i ditt företag.

• Bygg upp ett strategiplaneringsmöte i ny stil. Detta skulle helst vara ett par dagar utanför kontoret.

• Planera de första dagarna utifrån de viktigaste strategifrågorna (se sidan 176).

Sedan bygger du upp material och aktiviteter som gör det möjligt för dig att ha en kunnig och rolig tid att undersöka frågorna. • Överväg att investera i experthjälp. Det är värt att betala för människor som vet vad de gör. Detta är verksamhetens framtid och bör därför vara värdefullt. Det finns personer i olika prisklasser så se dig omkring för att hitta någon du kan lita på och som kan föra dig framåt. • Skapa en strategikalender för ditt företag. Börja med minst några sessioner som bygger upp till skapandet av en överenskommen strategi för året. Gör sedan en uppföljning för att bedöma framsteg, möjligheter, hot och nya idéer.

• Gör den här boken till en grund för att öka det strategiska tänkandet i din organisation. Introducera ämnet innovation som ett sätt att förbättra din förmåga att hitta källor till konkurrensfördelar.

Relaterade idéer

Kaplan och Norton förespråkar att det ska inrättas ett "kontor för strategiförvaltning" i varje företag. Denna funktion skulle bidra till strategins arbete genom att fylla en ledarroll. I stället för att bara stödja en planeringsprocess hjälper detta strategiteam till att leda processen från skapande till genomförande.

Värdefull forskning av Markus Menz och Christine Scheef vid Institute of Management vid University of St. Gallen i Schweiz visar att mer komplexa organisationer är mer benägna att ha en strategichef. Den visar också att det inte är någon skillnad mellan framgång och misslyckande att bara ha en strategichef.

Smarta strateger lär sig att om det finns en hemlighet för framgångsrikt strategiskt tänkande och agerande så handlar det inte bara om att ha ett kontor eller en tjänsteman. Det är mycket troligare att det handlar om hur väl strategiprocessen - formell och informell - hjälper människor i organisationen att framgångsrikt anpassa sig till omgivningen (se sidan 240).

Möten för strategiska personer

Ett bra strategimöte är ett möte mellan olika sinnen. Du vill att människor ska tänka och tala öppet om framsteg och ambitioner. Du kommer att ha en blandning av huvuden i molnen och fötter på marken. Det finns inte ett bästa sätt, men här är en bra utgångspunkt.

Frekvens: Regelbundet.

Viktiga deltagare: Olika grupper.

Disneys tidigare vd inledde en serie frukostmöten med "galna idéer". Vid varje möte bjöds alla in för att diskutera företagets inriktning, resultat och strategi. Detta skedde främst genom berättelser och idéer. Människor delade med sig av historier som gav liv åt strategin. Berättelser om vad de ville att strategin skulle vara, hur de levererade och vad som inte fungerade. Dessa berättelser gjorde det möjligt för människor utanför rummet att vara representerade i strategidiskussionen. Och de förenade företagets kreativa strategi- och handlingsnivåer på ett kraftfullt sätt.

Denna metod för kreativa strategimöten, som nu lärs ut av Disney Institute, spreds långt utanför frukostmötena. Att levandegöra strategin blev en tradition som överlevde och utvecklades under nästa VD. Disney anser att denna typ av strategiskt samtal uppmuntrar till undervisning, delning, tillgänglighet, hopp och empati. Den nya vd:n leder en strategilunch varje vecka som har gjort det möjligt för begåvade personer från Disney Parks, Disney+, Animation, Pixar, Marvel och Star Wars att dela med sig av sina insikter. Varje grupp förblir oberoende, men kombinerar strategiskt, med rekordstora resultat.

Mål

Du vill ha ett möte med sinnena (inte ett tanklöst möte). Den dåliga nyheten är att människor ofta har hamnat i dåliga vanor. Den goda nyheten är att människor vill ha bra möten, men att de sällan (om ens någonsin) har deltagit i några. De väntar på något värdefullt och vill att ni ska lyckas.

Ta tillräckligt med tid för sessionen så att du kan göra framsteg med strategifrågorna. Om det är din första session i ny stil, ta ett par dagar på dig. Bo på hotell. Få det att kännas som starten på något viktigt. Görs det rätt blir det en enormt värdefull vändpunkt i företagets historia. Du kommer att forma framtiden för alla inblandade.

Sammanhang

Timing är viktigt för strategin och för strategimöten. Människor vill ha en dagordning så att de får en struktur, men de kan sedan använda strukturen för att undvika att verkligen engagera sig i diskussionens innehåll. De övergripande målen tjänar alltså som en lätt struktur utan att låta människor avvika från diskussionen.

Av samma skäl bör man så snart de första målen är uppnådda gå vidare med ytterligare mål. Utveckla diskussionerna från idéer till praktiska åtgärder som kan följas upp med namn, datum och kriterier för hur de ska uppnås.

Det är klokt att bekräfta schemat för året under varje möte, särskilt när ni går från traditionellt (eller inget) strategitänkande till dynamisk strategihantering.

Att begränsa tiden för att fatta beslut eller utfärda rekommendationer är också engagerande för många deltagare som är vana vid att titta på klockan. Det får fram den friska, roliga och tävlingsinriktade sidan hos människor. Och det säkerställer att tiden används effektivt, så att deltagarna vill komma tillbaka och delta i framtida sessioner.

Utmaning

Före sessionen kan du förbereda och engagera deltagarna. Börja samtalen om strategi långt före de formella mötena. Dynamisk strategi är något kontinuerligt, så behandla det som sådant.

Frågor

Be alla deltagare att titta på de grundläggande (kraftfulla) strategifrågorna (se sidan 176). Få dem att tänka på frågorna för ert företag. Låt dem skriva ner några svar. Be dem skriva ner det företag eller varumärke som de beundrar mest.

Organisatörer

Samla in fakta om verksamheten, resultat av medarbetarundersökningar, ekonomiska resultat och prognoser. Leta efter information om viktiga konkurrenter. På så sätt får gruppen information som den kan hänvisa till när det är viktigt.

Uppvärmning

Få folk att tänka, även om det är lite smärtsamt till att börja med. Värdet av att värma upp är att det gör det möjligt för människor att börja tänka. Detta är ovanligt för människor som är vana vid att gå runt i dödens cirkel och i tur och ordning rapportera om vad de har gjort.

Välja och genomföra en kreativ aktivitet

De kan vara både komplicerade och enkla. Jag har sett jonglering, pappersflygplan, frågesport, dans, yoga och hjärnspöken. Vissa skapar sina egna uppvärmningsaktiviteter. Vissa använder en av de många användbara brainstormingböckerna. Andra anlitar underhållare eller facilitatorer för att leverera något mycket minnesvärt. Det kan låta överdrivet, men nya erfarenheter är det enda sättet att öppna hjärnorna för nya tankar - särskilt om de njuter av processen. Smarta företag vet att det fungerar.

Om du är smart har du flera aktiviteter tillgängliga - mer än du behöver. Och du kommer att gå över till dem vid olika tillfällen under sessionen för att hålla folk vakna. Det är ännu bättre om aktiviteterna är kopplade till de grundläggande strategifrågorna som ni ska besvara och diskutera tillsammans.

Fokuserade mål och frågor

När deltagarna har värmt upp, övergå till en kort diskussion om målen för sessionen. Vad vill ni få gjort? Inte mer än tre till fem mål. Involvera människor för att fortsätta den öppna tonen i två riktningar under dagen.

Det är vanligtvis inte gruppens ledare som gör detta, så att ledaren kan vara en gruppmedlem eller förbereda sig på att fatta beslut om resurser när de besluten behövs.

Visa upp de grundläggande frågorna på väggen. Gör klart att dessa kommer att ligga till grund för diskussionen. Och att ni i slutändan granskar strategins framsteg och möjligheter som en del av arbetet med att förbättra både planer och resultat.

Var befinner vi oss nu?

En uppdatering och översikt av de viktigaste fakta om organisationens ställning är en bra idé. Människor behöver få grundläggande information och veta att det är säkert att prata. Fords vd klargjorde att det behövs ett tydligt språkbruk (se sidan 166). Apples vd sa att de behövde förändra världen - och ville ha idéer för att göra det.

Vart kan vi åka?

Detta är gruppens chans att få lite hjärnmat. De behöver nya idéer från er strategiska grupp och exempel från andra branscher. Du måste öppna deras sinnen för möjligheter. Inspirera dem att tillämpa nya modeller och exempel i sitt eget arbete. Det finns inget enskilt svar på frågan, men du vill ha människor som är redo att förbättra sig och gå framåt. Du vill också ha människor som är fulla av fantasifulla riktningar som företaget skulle kunna ta.

Vart vill vi ta vägen?

Detta är ett mer praktiskt steg än den förra frågan, men det handlar fortfarande om önskvärdheten av vissa riktningar. Du vill fokusera gruppen lite mer på den riktning - av alla tillgängliga alternativ - som du vill välja. Arbeta som individer och sedan som undergrupper med olika riktningar, destinationer och uppdrag som skulle vara meningsfulla och inspirerande.

Beroende på mötets längd bör det övergå till handling. Människor vill veta vad som kommer att hända härnäst och du får bättre respons om du rör dig mellan önskvärda strategiska mål och trovärdiga strategiska planer.

Vilka ändringar måste göras?

Denna fråga ställs mot bakgrund av svaren på de föregående frågorna. Gruppen vill jämföra var företaget (eller teamet eller gruppen) befinner sig med var de vill vara. Hitta skillnader mellan den nuvarande positionen och den önskade positionen. Låt gruppen skriva ner sina individuella åsikter och samla dem sedan till en hanterbar lista.

Hur ska förändringar göras?

Förändringar sker inte automatiskt, även om den högsta ledningen skickar ut e-postmeddelanden om att förändringar är nödvändiga. Gruppen bör tänka på två typer av förändringar. Det finns förändringar som de kan göra själva, inklusive många beslut och allt annat som man bara måste köpa. Och sedan finns det förändringar som kräver andras beteende och hjälp.

Det är den andra gruppen - de djupgående förändringarna - som vanligtvis är viktigast. Det är alltså de djupa förändringarna som du bör överväga noga. Du bör överväga när och hur du ska göra förändringar - eller be om förändringar - som engagerar människor. Du vill att personerna ska göra saker och ting, men du vill verkligen att de ska engagera sig intellektuellt, känslomässigt och kreativt för att strategin ska bli framgångsrik.

Detta är också en mycket praktisk diskussion, eftersom den så småningom måste omfatta detaljerna i förändringarna, svaren på vad, vem, hur och när som leder till att något faktiskt förändras.

Hur ska vi mäta framstegen?

En del av framstegen är att genomföra de förändringar som du har beskrivit, men det finns mer. Du behöver en relativt kort uppsättning åtgärder som låter dig veta om du närmar dig dina övergripande strategiska mål. Dessa mått måste vara tillräckligt balanserade för att återspegla de mjuka och hårda aspekterna av det du vill uppnå (se sidorna 212 och 216). Men de måste också vara tillräckligt exakta för att det ska vara möjligt att se framstegen tydligt.

Vad händer nu?

Vid varje enskild session kommer olika frågor att besvaras på olika nivåer av detaljnivå. För att få fart på arbetet är det viktigt att varje session avslutas med en tydlig uppsättning överenskomna nästa steg. Dessa bör bidra till den övergripande strategin och förändringarna. De bör vara kortsiktiga (dagar och veckor, inte månader eller år) och de bör vara exakta, med namn och datum.

Framgång

Kriterierna för framgång kommer att variera. De beror på hur mycket tid du lägger ner på frågorna, vilka som är inblandade och vilket stadium du har nått i din strategihanteringsprocess.

Gruppen kommer att ha en god förståelse för företagets nuvarande situation och för betydelsen och syftet med varje fråga. De kommer att se hur frågorna passar ihop. De kommer att ha ägnat tid åt att utforska vad de verkligen vill uppnå och hur detta kan göras möjligt.

Att tänka som en strateg är ett krävande intellektuellt arbete, så de kan vara trötta även efter en mycket produktiv session. Varna dem innan sessionen börjar att denna typ av trötthet är naturlig. Om de förväntar sig det kommer de att ha lättare att se de framsteg som gjorts. Det är ett gott tecken om folk någon gång i mitten känner att de arbetar hårt.

Strategi kan vara mycket roligt både intellektuellt och känslomässigt. En bra session innebär att man skrattar. Det bör också innebära en känsla av lättnad, en lättnad av trycket när man gör framsteg med frågorna. Gruppen bör arbeta som en grupp. De bör utveckla tvärfunktionella vanor som är effektivare när det gäller att besvara strategiska frågor.

Fallgropar

Strategimöten innehåller känsliga ämnen och kan därför lätt urarta till en slags maktkamp. Detta kan vara passivt och leda till subtila spel som förhindrar framsteg eller öppenhet. De kan också vara aktiva, så att deltagarna skriker, argumenterar eller öppet blockerar.

Ibland blir gruppen skrämd av den äldsta deltagaren, så att den

Trots att de är villiga att göra det, sker det inte mycket meningsfulla diskussioner. Andra möten är positiva men så vaga att det är svårt att följa upp dem. Detta är frustrerande för dem som har investerat sin tid och energi.

Vissa deltagare har erfarenhet av andra strategisessioner. Dessa kan ha varit mycket oinspirerande. Eller så kan de ha varit en del av en process med ett negativt resultat - t.ex. nedskärningar. De kanske har bidragit med entusiasm tidigare och är försiktiga med att göra det igen. Eller så förknippar de strategi med kritik och ekonomisk besatthet.

Checklista för strateger

• Tänk på varje strategimöte mot bakgrund av företagets övergripande situation (växande, oförändrad eller minskande). Du bör få en uppfattning om vilken typ av strategiska utmaningar ditt företag står inför. Gör en del strategiskt tänkande för att förstå vilken typ av möte som bör hållas. • Inled strategiska samtal före mötet. Helst ska gruppen ha börjat fundera på frågorna innan de träffas. Du kan delta i enskilda samtal som förbereder vägen för ett mer produktivt möte tillsammans.

• Få tillräckligt med tid för det slags möte som du behöver. Ett par timmar för att hoppa in i alla fem frågorna kan vara kontraproduktivt. Du behöver mer som ett par dagar eller en vecka. Folk kommer att kämpa emot dig på den här punkten, men du kommer att göra större framsteg om du kan få tiden. Om du verkligen, verkligen inte kan det, minska då omfattningen av varje session för att få något färdigt. • Se till att varje möte avslutas med specifika åtgärder så att dynamiken skapas och bibehålls. Människor gillar att se framsteg, och du bör skapa något som blir mer populärt ju längre tiden går. • Slappna av och njut av mötet. Och om du inte kan slappna av så hjälp alla andra att slappna av. Lärstilen är viktig för hur effektivt tänkandet är.

Relaterade idéer

Det finns många böcker om möten, men här är en bra bok om du vill få en verklig uppfattning om vad som är möjligt: Retreats som fungerar: Everything You Need to Know About Planning and Leading Great Offsites, av Merianne Liteman, Sheila Campbell och Jeffrey Liteman.

Hantera förändringar, få strategin att fungera

De flesta strategier innebär förändring. Människor måste ändra något de gör för att strategin ska kunna förverkligas. Du måste kunna omsätta din strategi i åtgärder, uppgifter och projekt. Du måste också kommunicera strategins logik och syfte så att människor engagerar sig i arbetet och är villiga att bidra till att det lyckas.

Frekvens: Årligen och sedan kontinuerligt.

Viktiga deltagare: Du och din organisation.

McDonald's fick oönskad kritik för att vara ohälsosamt, smutsigt, långsamt, billigt, oetiskt och efterblivet. Som svar på detta införde vd:n en ensidig strategi. Den var skriven mycket tydligt så att alla förstod vad som krävdes. Uppdraget ändrades från att tillhandahålla den bästa snabbmaten till att bli världens favoritställe att äta.

Denna tydliga strategiändring ledde till tydliga förändringar. Istället för att öka antalet platser förbättrade man upplevelsen. De introducerade nyttigare mat, bättre smakande kaffe, en inredning som överträffade konkurrenternas och gratis Wi-Fi. Plötsligt kämpade de traditionella konkurrenterna för att komma ikapp. Strategin gav åtta år av försäljningstillväxt. McDonald's vände uppåt eftersom man engagerade alla med en strategi som var vettig och motiverade till handling.

Tyvärr lyckades inte McDonald's nästa VD fortsätta med förändringar som var tillräckligt djupgående och snabba för att konkurrera med en helt ny generation av snabbmatsrivaler. Menyerna blev större och köerna längre tills han fick sparken från McFamily.

Den nya vd:n införde en ny strategi med en enda sida. Uppdraget förändrades inte, men återigen förklarade strategin mycket tydligt vad som måste förändras för att uppnå uppdraget, så att alla förstod vad som krävdes, bland annat att förenkla menyn för att snabbt leverera varm och god mat. Resultatet blev en återgång till tillväxt.

Mål

Strategi innebär förändring eftersom den måste anpassas till konkurrenter, teknik och kunder. Om man ändrar strategin men inte lyckas förändra företaget är strategin bortkastad. Ännu värre är att företaget kanske inte lyckas anpassa sig på ett sätt som gör att det kan växa och frodas.

Exemplet med McDonald's visar hur viktigt det är med tydlighet för att få till stånd strategiska förändringar. Förändringarna görs av människor. Människor kan bara hjälpa till om de vet vad som förväntas. Och de kommer bara att hjälpa till om de känner sig engagerade i strategins inriktning.

Sammanhang

Strategin kan vara korrekt men så tråkig att ingen vill läsa den. Den kan innehålla nya idéer, men idéer som inte är trovärdiga. Den kan vara så komplicerad att det tar längre tid att läsa den än att göra något åt den. Och den kan vara så vag att ingen vet vad som förväntas av dem om de vill hjälpa till (se sidan 68).

Det är värt att tänka på att göra strategin engagerande redan innan det finns en strategi. Du kan skapa din strategi i hemlighet, på egen hand, och tillbringa månader med att försöka sälja den till företagets medarbetare. Det är mycket bättre att ägna månader åt att involvera alla i skapandet av en strategi som de förstår.

- Hur många personer kan du involvera i skapandet av strategin?
- Vad tycker de som arbetar för dig?
- Vilket är det enklaste sättet att kommunicera strategin?

Vad skulle inspirera majoriteten av människor att verkligen engagera sig? Hur får man strategin att gå bortom det ytliga?

Det är också viktigt att tänka på omfattningen och karaktären av den förändring som din strategi kräver. Förändringarna kan vara stora eller små. De kan innebära utveckling eller revolution. De kan vara positiva eller negativa. De kan innebära att man förlorar eller vinner arbetstillfällen. Strategin kan kräva nya färdigheter eller åtgärder. Den kan involvera olika delar av verksamheten på olika sätt. Den kan vara mer externt eller internt inriktad.

Förändring kommer från olika perspektiv. Reaktioner på förändringar kommer från olika perspektiv och förändringar kommer inte att välkomnas på samma sätt. Det är dessa spänningar som skapar försöken att genomföra förändringar från början och som kommer att forma vad som slutligen händer.

Det kan uppstå konflikter mellan olika intressegrupper eller oenighet om konkurrerande framtidsplaner. Det kan finnas en brist på klarhet om vad som behöver göras, så att inget klart görs. Det finns ofta vinnare och förlorare som upplever strategin på olika sätt.

Utmaning

Det finns två viktiga utmaningar: hur man kan minska slöseriet med arbete med att diskutera vilken förändring som bör göras eller inte göras, och hur man kan se till att rätt åtgärder vidtas för att förändringen ska bli framgångsrik.

Lyckligtvis fungerar den bästa lösningen för båda utmaningarna. För det första ska strategin vara tydlig och lätt att förstå för alla. Det hjälper människor att veta hur de kan bidra positivt till strategin. Det ökar också chansen att människor vill bidra. För det andra, inkludera människor i skapandet av strategin och i dess operativa delar. Visa dem logiken bakom strategin och de valmöjligheter som står till buds så att strategin blir levande.

Det är också oerhört viktigt att du lyssnar på vad som sägs. Motstånd mot förändring kan visa på svagheter och luckor medan det fortfarande finns tid att förstärka och fylla ut dem. Strategiskt tänkande sker kontinuerligt och därför bör den här typen av information förädla och utmana dina åsikter.

En annan utmaning är att försöka utveckla en organisation som är hungrig efter förändring. En organisation som är tillräckligt stabil för att vara produktiv och effektiv, men som också kan vara flexibel och öppen - och till och med hungrig efter förändring. Om en bra förändring är välkommen kommer den inte att ignoreras om den inte bedöms vara ett problem. Och om dina förändringsälskande människor inte gillar en förändring bör du vara uppmärksam.

Framgång

En framgångsrik ny strategi är vanligtvis resultatet av en reaktion på en önskan om förändring. Denna önskan om förändring byggs upp över tid tillsammans med missnöje med hur saker och ting är. Men den balanseras av kostnaderna och ansträngningarna för att genomföra förändringarna. Förändring kommer endast att ske när det finns en större önskan om förändring än om stabilitet.

Din uppgift är att på ett intelligent sätt reagera på den verkliga önskan om förändring (och förbättring) som redan finns. Arbeta med förändringskrafterna så att de blir organiska snarare än mekaniska. På så sätt arbetar du med människorna snarare än mot dem. Friktionen minskar och chanserna är större eftersom ni - åtminstone - försöker göra något som är önskat och respekterat av människor.

Följ noggrant en process som omvandlar strategin till fem till sju principer som tydligt anger vilket beteende som krävs för att lyckas. Kommunicera dessa enkla principer (och logiken bakom strategin) om och om igen. Lyssna aktivt på meningsskiljaktigheter, missnöje och feedback - använd den för att förbättra strategin och de åtgärder som följer av den.

Fallgropar

Om förändringar blir vanliga kan de också bli tråkiga. Den väsentliga delen av varje ny uppsättning förändringar kan gå förlorad bland de andra konkurrerande förändringarna som ännu inte har slutförts. Förändringarna kan vara motsägelsefulla så att en av dem ignoreras. Eller så görs motstridiga ändringar trots att de motverkar varandra. Man kan tro att man gör ändringar när man inte gör det. Eller så underskattar man den ansträngning som krävs för att göra ändringar som är inneboende i strategin.

Checklista för strateger

- Överväga omfattningen och karaktären av de förändringar som den nya strategin kommer att medföra. Vad måste förändras? Hur stora är förändringarna? Vem kommer att påverkas? Vem behöver ni för att strategin verkligen ska fungera?
- Tänk på vilken roll externa

förändringsagenter kan spela för att hjälpa människor att föreställa sig de framtida förändringarna och organisationens svar och utformning. • Försök att skapa förändringar som människor tror på eftersom de har varit med och utformat den ursprungliga strategin och dess konsekvenser. • Använd kraftfältsanalys för att bedöma krafterna för och emot en viss förändring (se sidan 212).

• Använd animationer och orienteringsmodeller för att undersöka om din strategi och det sätt på vilket den kommuniceras kommer att engagera människor (se sidan 210). • Använd Kotters åtta faser för att undersöka hur du går från den första strategin till ett färdigt genomförande - och sedan börjar om igen (se sidan 214).

Relaterade idéer

Chris Argyris föreslår idén om defensiva rutiner för att förklara varför organisationer inte förändras. Individer i olika grupper konspirerar för att undvika svåra förändringar utan att konfrontera dem direkt. Andra påpekar inte detta, eftersom ingen vill att deras egen tröghet ska upptäckas.

Detta har likheter med teorin om beslutsfattandet i soptunnan. Michael Cohen, James March och Johan Olsen observerade att grupper av människor tenderar att fatta enkla beslut även när dessa beslut inte löser värdefulla problem. De skjuter upp svåra beslut, även när fördröjningen är skadlig.

Giovanni Gavetti hävdar att de mest framgångsrika strategierna i en beteendebaserad strategi blir attraktiva eftersom de är extremt svåra för de flesta konkurrenter. Ofta är det möjligt att kopiera vad de vinnande konkurrenterna gör. Men förlorande konkurrenter kan misslyckas med att förstå den nödvändiga strategiska logiken. Ledare förkastar det de inte "förstår". Försök att undvika detta misstag genom att se på konkurrenternas åtgärder med deras ögon.

Föreställ dig det tills du förstår.

Förstå vad som kan gå fel

Det finns många saker som kan gå fel med din strategi. Du kan ha valt fel positionering, produkt eller kombination av kostnad, differentiering eller fokus. Lika ofta är det så att vägen från strategi som idé inte lyckas bli strategi som verklighet.

Frekvens: Förstå en gång och sedan gå igenom.

Viktiga deltagare: Du och ditt team.

I över femtio år har Shell använt sig av scenariotänkande för att förbereda sig intellektuellt (och praktiskt) på vad som kan gå fel. Detta har gjort det möjligt för dem att ändra sina investeringar, förutse klimatkrisen och används nu för att förhandla fram en övergång från fossila bränslen till en framtid med lägre koldioxidutsläpp för aktieägarna.

På senare tid har scenarioplanering hjälpt till vid övergången efter apartheid i Sydafrika. Fyra olika scenarier, vart och ett med en minnesvärd titel, uppmuntrade till öppet tänkande om strategiska val och konsekvenser. I Singapore använder regeringen en treårig cykel av scenarier för att hjälpa den att förutse hot och möjligheter, fördjupa samtalet och förbättra genomtänkta, strategiska åtgärder.

Mål

Många strategier - särskilt förändringsstrategier - misslyckas med att leverera det som utlovades. Det är lätt att ta fram en strategi som inte är lämplig för ändamålet. Du kan till och med betala miljoner för att någon annan ska fylla i rutorna och tabellerna så att du slipper anstränga dig. Ditt dokument kan vara glänsande men ändå misslyckas.

Om riktningen är otydlig eller dåligt förstådd är det mindre troligt att den leder till en sammanhängande åtgärd. Uppgifter kommer att utföras och projekt kommer att genomföras, men de kommer inte att bidra till att strategin blir framgångsrik. Det är viktigt att det finns en tydlig logik och tydliga principer för åtgärder. Dessa principer ger vägledning till människor i hela företaget om vilka åtgärder och vilken typ av åtgärder som strategin kräver.

Strategin är beroende av engagemanget hos de människor som ska få strategin att fungera. Om de inte tror på den kommer de inte att agera. Om de inte är inspirerade av den kommer de inte att göra sitt bästa för att fylla ut detaljerna. Ingen strategi är komplett på papper - det krävs engagerad kreativitet från anställda, partner och kunder för att den ska bli komplett.

Människor kan kämpa emot en ny strategi, inte för att de inte håller med om den för företaget, utan för att de inte gillar konsekvenserna för sitt jobb eller sin avdelning. De kan använda sig av olika motståndstekniker. De kanske bara gör sitt jobb och ignorerar konsekvenserna av strategin. De kan medvetet försöka hindra strategin från att fungera genom att tala eller arbeta emot den.

Alternativt kan människor älska strategin (vilket är rätt) men den misslyckas ändå eftersom de färdigheter som krävs för att genomföra strategin saknas. Det spelar ingen roll hur hårt folk arbetar om de inte vet hur de ska utföra det arbete som krävs för att förverkliga strategin.

På samma sätt kan människor älska strategin och ha kompetens att utföra arbetet, men misslyckas på grund av bristande disciplin. Strategin kan misslyckas på grund av otillräckliga eller olämpliga processer. Den kan misslyckas på grund av brist på resurser. Bristande förståelse hos dem som skapar och leder strategin är den vanligaste orsaken till klyftan mellan idé och verklighet.

Sammanhang

Det finns ingen garanti för att en viss strategisk inriktning är rätt - eller att den kommer att ge de förväntade resultaten. Det är därför som den här boken betonar vikten av kreativ strategi och reaktionsförmåga vid sidan av planeringen. Men om man inte agerar är det osannolikt att man når den önskade framgången. Och om åtgärderna ständigt är osammanhängande och kontraproduktiva kommer en bra strategi inte att fungera.

Det lönar sig att noggrant undersöka de olika sätt på vilka din strategi kan gå fel. Det är värt att fråga sig vad som händer om du har:

- missbedömde marknadens storlek, underskattade kostnaderna för
- planen, överskattade stödet från partnerna, missförstod nyckelfaktorer
- för framgång och kunskap.
-

Det är klokt att bygga in en regelbunden översyn av antaganden och framsteg i den formella strategiprocessen. Det är också värdefullt att inkludera den i en kontinuerlig del av ert strategiska tänkande. Vad gör vi om strategin är fel? Detta är en del av processen för resultatbedömning, men kommer också att återspegla olika ledarstilar i samband med strategi och genomförande. Var och en har sina egna vägledande frågor:

Hur formulerar jag en perfekt strategi?

Du kan bestämma dig för att du alltid vet bäst och att din strategi är en perfekt plan för framgång. Du kanske ägnar så mycket tid åt att tänka på den perfekta strategin att du glömmer att den måste bli verklighet. Det finns många fall där vd:ar och de stora strategikonsulterna har skapat kostsamma komplexa dokument utan att tänka på genomförandet.

Hur genomför jag min strategi?

Du tror att din strategi är perfekt, men du kommer ihåg värdet av att få det gjort. I det här fallet är det viktigt att se till att en detaljerad handlingsplan följs strikt. Det kan uppstå detaljerade handlingsplaner som sprids i kaskadform genom en rad möten på varje nivå i hierarkin.

Hur får jag toppcheferna att engagera sig?

Du anser att genomförandet av en strategi gynnas av toppchefernas engagemang och därför försöker du involvera dem redan när du formulerar strategin. Du ger dem tid att kommentera och ge dig feedback. Du vill ha insikter och detaljer om hur de ska få strategin att fungera snarare än frågor eller bidrag som ändrar strategin.

Hur involverar jag alla i strategin?

Du kan välja att växla mellan den strategi du har i åtanke och vad du lär dig om strategins verkliga konsekvenser. Du involverar människor i hela organisationen, dels för att få dem att engagera sig, dels för att de har insikter om strategins inriktning och dess genomförande. Deras insikter kan förändra avsikten, positionen och till och med skapa alternativa strategier som ersätter den ursprungliga strategin du hade i åtanke.

Utmaning

Du vill testa din strategi, utsätta den för kritik eller åtminstone några tänkta scenarier. Detta behöver inte vara ett år- eller månadslångt arbete, utan bara en blandning av erfarenhet och kreativitet.

- Vad kan gå fel med din strategi?
- Vad kan gå fel i den yttre miljön?
- Hur kan de konkurrensmässiga antagandena vara felaktiga?

Vad kan gå fel internt för att stoppa genomförandet?

Använd de olika verktygen i strategens verktygslåda för att undersöka hur framtiden ser ut. Du kan använda SWOT-analysen för att titta specifikt på styrkor, svagheter, möjligheter och hot mot din strategi. Du kan använda scenariotänkande för att undersöka olika framtida händelser och deras inverkan på din strategi.

Vad kan gå fel?

Det lönar sig att börja med de problem som du kommer att tänka på först. Strategisk intuition kan vara mycket effektiv som en analytisk genväg. Gör en lista över de saker som kan gå fel. Be kollegerna att göra detsamma. Sätt ihop dem för att undersöka gemensamma problem och minoritetsinsikter. Använd idéer i hela boken och särskilt om risker på sidan 36.

Hur kan vi svara?

Fundera på hur du kan lösa de viktigaste potentiella problemen. Vad skulle du göra som svar på hot från konkurrenterna? Eller mot leverantörer eller leveransproblem? Eller om din produkt visar sig vara mer eller mindre populär än planerat? Hur länge skulle du vänta med att göra ändringar i strategin? Vad skulle du kunna göra för att ändra verksamhetsplaner och processer för att stödja strategin om saker och ting går fel?

Vad kan vi göra nu för att förbereda oss?

Tänk på vilken typ av processer du kan införa för att upptäcka problem med strategin. Fundera på hur du kan se till att du snabbt kan ändra vissa aspekter av strategin. Strategin är inte lika viktig som organisationens hälsa och framgång, så var beredd att offra tillfällig stolthet för att bevara ett långsiktigt rykte.

Framgång

Att få strategin att fungera är ett pågående arbete, men det är viktigt att erkänna och förbereda sig för vad som går fel. Du kommer att uppskatta flexibiliteten i organisationen mer om den skyddar dig och gör det möjligt att följa mer riskfyllda, värdefulla eller lukrativa strategier. Framgång är att räkna ut vad problemen kan vara, vad du kommer att göra för att reagera och hur du kan förbereda organisationen redan nu. En sensationell plan B är strategens bästa vän.

Fallgropar

Att tänka på vad som kan gå fel kan bli en besatthet. Man kan börja undvika att göra allt som kan gå fel. Denna typ av besatthet är en av de saker som kan gå fel. Du kan bli för försiktig för att strategin ska lyckas. Det är frestande att antingen undvika problem eller vänta på problem. Den bättre kursen är att hålla människor flexibla så att du kan anpassa dig och reagera.

Checklista för strateger

- Tänk på vad som kan gå fel med din strategi. Ta med de möjliga problemen på mötena eftersom diskussionen om nackdelarna är en viktig del av hur du får din strategi att fungera.

- Fundera kreativt på vad du kan göra nu för att lösa problem som kan uppstå i framtiden. Hur skulle en katastrof förändra din strategi? Vilken inverkan skulle förändringar i regeringen ha? Vad i den stora bilden skulle kunna påverka din strategi?

Relaterade idéer

Larry Bossidy och Ram Charan hävdar - i boken Execution - att det är disciplinen att få saker gjorda som verkligen skiljer framgångsrik och misslyckad strategi åt. Människor, strategi och verksamhet måste arbeta tillsammans med dialog, ärlighet och realism. Men var försiktig: vissa organisationer och ledare lider av en tvångstankar om att genomföra saker och ting. Att göra fel saker på ett bra sätt är fortfarande fel saker.

Rädda ditt företag från konkurs

Organisationer misslyckas. Men det behöver de inte göra. En smart strategi kan spela en stor roll när det gäller att förhindra misslyckanden. Den kan också ge ett värdefullt bidrag till att vända företaget när det är i fara. Strategi kan också göra dig tillräckligt smart för att veta att misslyckanden måste mötas och övervinnas många gånger. Att rädda företaget från misslyckanden är en självklarhet.

Frekvens: Regelbundet.

Viktiga deltagare: Först och främst de högsta ledningsgrupperna.

Ford stod inför ett misslyckande. Försäljningen minskade med 25 procent. Ford avslöjade den största förlusten i företagets historia. Skulderna var så stora att företagets kreditbetyg nådde skräpstatus. Vinstmarginalerna per bil var låga och företaget meddelade att det inte skulle återgå till en total vinst på fem år till.

Den nya vd:n hade lyckats vända Boeing, men detta skulle bli ett stort test av vad han hade lärt sig. Vid sitt första möte lyssnade han på presentationer, ställde sig sedan upp och sa: "Grabbar, inser ni att vi förlorar pengar? Denna öppna, direkta fråga gjorde att alla kunde ställa sig bakom de svåra besluten. Inom ett år hade företaget återgått till en vinst på 750 miljoner dollar. Tyvärr har de grundläggande utmaningarna med elbilar och mer anpassningsbara konkurrenter, två vd:ar senare, lett till att deras kreditbetyg återigen har nått upp till skräpstatus. De står inför ett misslyckande igen.

Mål

Bland dina många strategiska mål är det viktigt att inte misslyckas. Ändå står en organisation ständigt inför hot. Konkurrenterna skapar en del av dem genom att gå snabbare fram eller genom att provocera fram oövervinneliga priskrig. Nya aktörer och nya substitut orsakar också problem eftersom ni är organiserade för att konkurrera på traditionella sätt. De största hoten är dock alltid organisationens resultat och dess förmåga att anpassa sig till förändringar i den yttre miljön.

Den yttre miljön kan göra det svårare eller lättare att överleva. Den kan röra sig snabbare. Den kan vara mer kaotisk. Men den yttre miljön får inte avgöra om du lyckas eller misslyckas. Det är organisationen som lyckas eller misslyckas med att anpassa sig till den yttre miljöns krav. Det är alltså här som strategen med största fördel kommer att rikta uppmärksamheten.

Det finns många alternativ när man försöker vända ett företag. Ibland skiljer man mellan operativa omställningar - att göra saker och ting annorlunda - och strategiska omställningar - att göra olika saker. I verkligheten är de två så nära förbundna att man måste göra båda.

Kontext

Det finns alltid en misslyckandelinje för alla företag (se figuren nedan). Efter denna punkt är ingen återhämtning möjlig. Du kanske inte vet exakt var den ligger, men den lurar någonstans under den acceptabla prestandan. Det finns farosignaler, men de kanske antingen inte är uppenbara eftersom du inte vet hur du ska läsa dem, eller så läser du dem men gör ingenting åt dem. Håll dig borta från den resultatmässiga gränsen för misslyckande.

Att känna igen faran innan det går snett

Det finns många anledningar till att man inte gör något åt farosymbolerna. Ditt företag kanske ignorerar dem och hävdar att prestandaproblemen bara är tillfälliga. Din organisation kanske inte vet vad den ska göra åt problemet även om det erkänns. Den kanske inte vet varför prestationen blir sämre. Den kanske vet varför, men kan inte komma fram till en lösning eller ta de svåra beslut som krävs för de nödvändiga lösningarna.

Tidig och djup återhämtning

Om du genast upptäcker problemen, hittar lösningar och får dem att fungera, kan det gå mycket snabbt. Och det kan ske innan du ens befinner dig i farozonen. Du måste förstå orsakerna till nedgången mycket snabbt och kunna förklara de nödvändiga förändringarna som önskvärda och brådskande.

Grunt återställande

Om du upptäcker problem vid någon tidpunkt och börjar arbeta är det bra. Om företaget bara gör ett halvt jobb, om ni gör ytliga förändringar eller skjuter upp viktiga beslut, kommer problemen att komma tillbaka. Och de är ofta värre än tidigare, med mindre tid och mindre resurser tillgängliga än vid första tillfället.

Sen, djupgående återhämtning

Om du har märkt problemet ett tag krävs det en riktigt stor chock innan företaget fattar de nödvändiga besluten. Och det krävs riktigt dåliga nyheter innan människor är villiga att göra de nödvändiga förändringarna. Detta är kostsamt, men det kan vara det enda sättet för din företagskultur att göra betydande förbättringar.

Utmaning

Att uppmärksamma hotet är den första delen. Du måste vara medveten om hur organisationen fungerar. Och du måste vara uppmärksam på förändringar utanför organisationen som kan påverka affärsresultaten. Du kan använda de olika verktygen i strategens verktygslåda för att bygga upp ett system för tidig varning.

- Vilka hot skulle kunna leda till att företaget misslyckas?
- Hur känner du igen varningssignalerna för misslyckande i ditt företag?
- Finns det ersättningsprodukter och nya konkurrenter?

Har du skjutit upp viktiga beslut?

Vad säger kunderna om dina produkter och tjänster?

Om du kan märka snabbt har du åtminstone en chans att reagera snabbt. En del av detta handlar om kontinuerlig anpassning och kan bli en del av det vanliga arbetet. Förbättra företagets förmåga att lägga märke till vad som händer externt och internt så att ni inte går i sömnen och hamnar i verkliga problem.

En del av det handlar om att lära sig att agera mycket snabbt för att klara av stora chocker som hotar din verksamhet. I Ford-exemplet fanns det en blandning av långsiktiga problem, den långa nödsituationen och plötsliga chocker i samband med den stora recessionen. Strategen bör vara medveten om alla dessa och hjälpa företaget att hantera dem alla. Hjälp ditt företag att uppmärksamma det förväntade och det oväntade. Utforska tillsammans med dina kolleger hur man kan uppmärksamma varje typ av hot.

- Växer du för snabbt? Är du slarvig med din expansion?
- Är dina finansiella kontroller tillräckliga?
- Är byråkratin ett hinder för handling?
- Vilka nya konkurrenter är mer innovativa? Eller växer snabbare?
- Hur kommer sociala trender att förändra efterfrågan på dina produkter eller tjänster?

Vad säger dina kollegor i medarbetarundersökningar?

Har du de ledaregenskaper som krävs för att vara effektiv?

Du behöver utlösare för att veta när du ska reagera. Några av dessa kan byggas in i dina förvaltningsprocesser och kontrollsystem. Ditt balanserade styrkort kan bidra till att detta handlar om mer än bara finansiella indikatorer. Misslyckanden beror på att man inte anpassar sig, så interna företagsfrågor är lika viktiga som externa.

Nästa viktiga steg är att reagera på hotet. Förnekelse kan hindra någon från att göra något eftersom ingen vill vara öppen med problemet. Den första personen som gör upp om ett potentiellt hot kan bli ignorerad. De kan till och med kritiseras för att vara alltför pessimistiska eller svåra. Om du upptäcker hotet först måste du överväga hur och när du ska få uppmärksamhet för problemet.

Orsaken till hotet är också relaterad till hur man reagerar. Om du reagerar snabbt och effektivt på dålig marknadsföring kan du förhindra det större problemet med minskad marknadsandel. Om man dröjer med att reagera på operativa problem kommer de att eskalera tills de blir strategiska problem.

När ett hot uppmärksammas tenderar chefer att reagera med de enklaste, mest uppenbara och minst kreativa svaren först. Om det inte fungerar försöker de något större, men inte nödvändigtvis mer kreativt. De börjar troligen med att öka kontrollen eftersom kontroll är vad de förstår. Nästa steg är att minska kostnaderna eftersom det inte påverkar dem direkt.

Märkligt nog undviker företaget att göra något direkt för att anpassa sig till hotet eller öka prestationen när hoten ökar och prestationen minskar, trots att det är precis vad de behöver. De bästa medarbetarna kanske lämnar företaget eftersom de kan se vad som kommer att hända. Andra kanske stannar kvar och letar efter ursäkter och syndabockar. Ändå görs ingenting för att reagera kreativt och direkt på problemet.

Det verkar mycket svårt för högsta ledningen att acceptera den ansiktsförlust som det innebär att erkänna att deras ledning och genomförande är bristfälligt. Det är ännu svårare för dem att hitta alternativ till det sätt på vilket de alltid har styrt. De har gjort sitt bästa och har inget annat att ge.

Ibland räddar goda resultat företaget från att göra förändringar som skulle ha gett mycket bättre resultat. På så sätt är det goda en fiende till det bättre, men också en vän till ett eventuellt misslyckande. Det finns många organisationer som haltar strategiskt och operativt samtidigt som de producerar tillräckligt med pengar för att hålla högsta ledningen sysselsatt. I dessa fall räcker det med plötsliga chocker både externt och internt för att få balansen att tippa över till handling.

När man till slut beslutar att göra betydande förändringar finns det ofta en ny ledare. Ibland genomgår befintliga ledare någon form av personlig omvandling som gör att de kan agera som nya ledare.

Framgång

Utgångspunkten för att lyckas är att uppmärksamma problemet och se det klart och tydligt. Det måste föras en öppen och ärlig diskussion om vad som inte fungerar och vad som verkligen måste hända. Ni måste skilja mellan de gamla beteenden som ledde till att ni hamnade i denna knipa och nya beteenden som kan rädda er.

Det är viktigt att ta itu med de (rättsliga och etiska) åtgärder som måste vidtas för att överleva på kort sikt. Det handlar oftast om ekonomiska frågor. Tillväxt (och en sund verksamhet) kommer dock inte enbart från kostnadsminskningar. Man kan skära sig till glömska.

Du kommer att få en tydlig förståelse för problemen. Du kommer att dela denna förståelse med dina kollegor. Du kommer att försöka göra diagnosen så tydlig som möjligt. Och du kommer att sätta lika tydliga tidsgränser och förväntningar på att hitta lösningar och få igång dem. De flesta misslyckade saneringsförsök har aldrig riktigt påbörjats och kan därför inte hoppas på att slutföras.

Om du är nära misslyckandet är det viktigaste att fokusera. Det vanliga rådet är till exempel att motstå frestelsen att diversifiera. Sådana ansträngningar kan förvirra företaget just när det behöver klarhet. Detta gäller om du inte har identifierat slutet på vägen för din särskilda marknad och har tillräckligt med pengar för att ta steget.

Att skaffa bättre chefer kan vara en lösning; de flesta företag som är framgångsrika har bytt ut många av sina toppchefer. Men kom ihåg att det befintliga teamet kan ha lösningar som de inte har fått befogenhet att prova. Det viktigaste steget är därför att få ut dessa idéer i det fria och prova dem.

Att förbättra dina chefer genom att verkligen få dem att prata kreativt och öppet har stora fördelar. Det är kraftfullt att ta hjälp av facilitering eller coachning för att ge dem det självförtroende, de färdigheter och den strategiska expertis som krävs för att rädda företaget.

Att minska skulderna är egentligen inte en prioritet eftersom kassaflödet är ett viktigt sätt att överleva. Nyckeln är att hitta sätt att vara trovärdig gentemot fordringsägarna så att du kan använda dina egna pengar för att investera i lösningar på dina problem. Du kan minska skuldnivåerna senare när det ligger i ditt ekonomiska intresse.

Att förbättra de operativa vinstmarginalerna är användbart eftersom det gör att du kan tjäna mer pengar på dina ansträngningar att öka efterfrågan. Och för att det gör det möjligt för dig att använda mer pengar till ytterligare förbättringar.

Det är viktigt att förbättra marknadsföringen och innovationen. Detta innebär inte bara att man måste spendera mer pengar på reklam - även om det kan vara det. Det innebär att marknadsföring är allt mellan kunden som köper dina produkter och det sätt på vilket du tillverkar dem. Att förstå kunden bättre och skapa smartare och mer värdefulla produkter är nyckeln till hållbar framgång och vändning.

Fallgropar

I kristider är det naturligt att sluta tänka klart och fortsätta i den riktning som orsakar problemet. Du kanske får rådet att anta en uppifrån-och-ned-strategi där du ger order på avstånd - men det är fel. Du måste få en bra känsla för grunderna och vara beredd att fatta tydliga beslut i rätt tid. Men det är inte samma sak som att vara autokratisk.

Du måste också nå in i organisationens hjärta för att få en diagnos av vad som inte fungerar. Du behöver engagera dina medarbetare och deras erfarenheter. Det är frestande att sluta lyssna eller att bli överväldigad av problemen. Det är viktigt att tydligt fokusera på att förbättra organisationens inre för att kunna hantera kundernas verkliga önskemål.

Checklista för strateger

- Utforska de hot som du står inför eller kan komma att stå inför. Undersök deras orsaker och dina möjliga svar. Fundera på hur du kommer att känna igen dem. Vilka är varningssignalerna? Vid vilken tidpunkt bör du vara orolig?

- Diskutera de allmänna svaren på prestationsproblem. Vad kan du göra nu för att förbereda dig? Vad kan du göra nu för att undvika problem i framtiden? Hur kan du använda potentiella hot för att få organisationen att förbättra det den gör nu?

- Fundera över hur du kan skapa ett bättre och känsligare system för tidig varning. Koppla in dig och lyssna på kunder och alla anställda. Använd personalundersökningar, gruppdiskussioner, informella samtal och anonyma anslagstavlor.

Allt för att du inte ska vara den sista som får veta.

- Utveckla en kontinuerlig marknadsförings- och innovationsfunktion som är hungrig efter förändring på alla nivåer och som kan se och göra tydligare än konkurrenterna.

Relaterade idéer

Donald Hoffman hävdar att det finns generiska strategier för återhämtning. Omstrukturering - byte av högsta chefer och kultur. Kostnadsminskningar - minska kostnaderna. Försäljning av tillgångar - göra sig av med tillgångar som inte hör till kärnverksamheten. Förändra marknadsföring och produkter - defensivt och offensivt försöka öka efterfrågan.

Ompositionering - hitta nya marknader och kunder. Dessa måste användas kreativt och beslutsamt tillsammans på ett sätt som passar dina förutsättningar och din strategi.

Strategi ger dig makt. Du kan föreställa dig din väg till framtiden medan det fortfarande finns tid att förändra.

Del sex

Verktygslådan för strategiboken

Strategi är inte samma sak som strategiverktyg eller modeller. Det är dock bra att veta vad de är så att du kan hantera företagsstrategin på ett effektivt sätt. Och om du använder dem tillsammans med principerna och utmaningarna i resten av boken kan de vara effektiva sätt att organisera och dela med dig av ditt strategiska tänkande.

I den här delen har jag valt ett personligt urval av strategiverktyg. Först har vi de mest populära verktygen - de som används mest på arbetsplatsen. För det andra finns det några av de mest inflytelserika verktygen från området strategi och management. För det tredje finns det verktyg som jag har funnit värdefulla i mitt arbete med några av de mest framgångsrika organisationerna i världen.

De presenteras på ett effektivt sätt så att de är enkla att använda. Tanken är att du verkligen ska kunna göra skillnad genom att erbjuda bättre strategiskt tänkande till ditt team, din avdelning eller din organisation.

De grundläggande (kraftfulla) strategifrågorna

Strateger kan bli så intresserade av allting att de glömmer bort att klargöra vad strategi är och - vilket är lika viktigt - vilka frågor strategin svarar på. Det finns vissa fördelar med att vara mystisk, men det är mer effektivt att se till att folk vet vad strategin gör. Det är ännu mer kraftfullt om man använder frågorna för att forma sitt eget tänkande.

Hur man använder

Utforma framtiden med grundläggande frågor

Det finns fem grundläggande frågor som strategin försöker besvara. Strategi är ett medvetet försök att forma framtiden genom att ställa dessa frågor.

Få klart för dig frågorna ovan. Använd frågorna för att organisera ditt sätt att tänka på din organisation och situation.

En strateg bör ha en åsikt om var organisationen befinner sig nu (och varifrån den kommer). Du bör fråga dig: Vart vill vi ta vägen härnäst? Och ha dessa frågor i åtanke när du frågar om vilka förändringar som behöver göras, hur de ska göras och hur du kan mäta framstegen.

Svaren på dessa frågor är alla sammanlänkade. Ändringar i ett svar kommer att påverka svaren på alla de andra frågorna. Strategens uppgift är att ha en förståelse för helheten - svaren på dessa frågor.

• Ställ frågor. Du behöver inte vara irriterande, men du kan be människor om information om dessa frågor och deras svar. Ta reda på var du tror att verksamheten finns. Titta på branschtidningar och webbplatser. Sök efter ditt företagsnamn på webben. Prata med kollegor. Prata med kunder. Ta reda på hur du är "positionerad" när det gäller pris, kvalitet och unikhet på din plats och din marknad.

• Jämför organisationen. Få en känsla för hur verksamheten fungerar. Titta på siffrorna, men också på företagets rykte. Återigen, använd webben, tidningar och samtal med kunder och kollegor. Men den här gången försöker du verkligen ta reda på hur folk tänker om dig i den verksamhet du är verksam i. Är du bäst, näst bäst, femte bäst? Älskar folk dig? Hatar de dig? Vill de att du ska lyckas? Växer du eller krymper du? Är framtiden dyster eller lysande? • Se framåt och utåt. Fundera på vart organisationen kan ta vägen. Använd de olika verktygen och strategidebatterierna i den här boken för att få fram bättre strategiska frågor och effektivare strategiskt tänkande. Samla in varumärken och exempel som motiverar dig - som du älskar - och fundera på hur de relaterar till vad ditt företag gör.

• Titta in. Hur stor vill organisationen bli? Hur stor är förändringsviljan? Vilken typ av förändring vill organisationen genomföra? Vad pratar folk om? Var finns de (strategiska) spänningarna? Var finns möjligheterna? Vad rör sig snabbare än du?

Dessa frågor hjälper dig att bli en bättre strateg. Och om du blir bättre på att ställa dessa frågor till andra människor kommer du att bli uppskattad som en mer strategisk tänkare. Särskilt om du har egna åsikter och kunskaper.

Strategi existerar inte i ett vakuum. Svaren på dessa frågor är inte statiska. För att se helheten (se sidorna 57 och 60) är det nödvändigt att också känna igen de krafter som driver er mot era önskade resultat och de krafter som hindrar er.

Dina svar kan börja var som helst. Och de kan bestå av ett eller flera ord. Du behöver inte skriva en uppsats. På många sätt är det ett misstag att skriva för mycket. Det här är motsatsen till en övning där man fyller ut rutor.

Vänd på sidan och du hittar en snabbstartstrategi. Det finns en gratis version som du kan ladda ner online. Den är lätt att rita snabbt. Eller att fotokopiera. Det är ett kraftfullt verktyg som är utformat för att hjälpa dig att göra mer kraftfulla strategiska kopplingar mellan mål, sätt och medel. Du kan använda den för att medvetet forma din framtid.

Strategi för snabbstart

Hur man använder

Följ bara din magkänsla. Lita på dig själv och börja med att börja. Skriv ner ett ord - eller ett par ord - i vilken ruta du vill. En del människor börjar med det de vill gå till - det önskvärda slutet. Vissa människor börjar med var de är just nu - situationen. Andra fyller i vad som driver dem att vilja gå någonstans som är bättre - eller vad som hindrar dem. Eller en känsla av vad som måste göras och hur det måste göras - det kan ge en antydan om vart du måste gå.

Alla verktyg i verktygslådan Strategiboken kan användas för att utforska svaren på alla de fem stora grundläggande (kraftfulla) frågorna som ingår i snabbstartsstrategin.

Du kan använda duken utan att använda något av de andra verktygen.

Snabbstartstrategin har utformats genom att blanda expertis - svårvunnen kunskap om befintlig forskning och teknik - och erfarenhet från den verkliga världen av framgångsrika strategier i praktiken.

Som vi har diskuterat är strategi inte verktyg och strateger är inte rutinskrivare, blankettutfyllare, punktlistor, kalkylbladskompilatorer eller bildspelare. Strategins hjärta är strategen och en del av det bästa strategiska tänkandet sker utan formella verktyg.

Det är dock bra att känna till de mest använda verktygen så att du kan navigera i din miljö. Och, ännu viktigare, det är värdefullt att använda det smarta tänkandet i verktygen för att förbättra ditt eget strategiska tänkande.

Checklista för strateger

Varje verktyg förklaras kortfattat - två sidor per verktyg - med särskild tonvikt på vilka insikter och frågor som är mest värdefulla för dig som strateg. Det finns också ett exempel på hur begreppen tillämpas i en verklig situation - vanligtvis ett välkänt varumärke för att hjälpa dig att komma ihåg idéerna i ditt eget arbete.

- Ta de fem stora frågorna i tur och ordning. Flytta runt dem på papper och i ditt huvud. Gör kopplingar. Rita pilar mellan dem och fundera på hur du kan utforma strategiska åtgärder som för dig från det du är till det du vill vara.

- Tänk på vad som driver dig mot det du vill uppnå. Är det en känsla av målmedvetenhet? Är det det bästa sättet att göra vinst? Är det en lagändring? Eller ökad konkurrens? Har du nått en ny kris - eller en vändpunkt? Finns det spänningar mellan olika möjliga inriktningar och åsikter?

- Vad hindrar dig från att nå dit du vill? Lär du dig för långsamt? Har era medarbetare fastnat i traditioner och vanor som inte längre fungerar? Vet människor vad de ska göra och hur de ska göra det?

De stora frågorna och verktygslådan Strategiboken

Spänningar i konkurrensen

Vad är det som hindrar oss?

Kraftfält

Inlärning i loop

SWOT-analys

I den verkliga affärsvärlden är SWOT-analysen det mest populära av alla strategiverktyg. Det beror förmodligen på att den är lätt att komma ihåg och verkar logisk (till och med självklar). Det är ett mycket praktiskt och effektivt sätt att börja utforska helheten och besluta vad man ska göra härnäst.

SWOT-analys

Hur man använder

Rita upp rutnätet. Lista sedan de möjligheter och hot som du står inför samt organisationens styrkor och svagheter. Skriv upp allas idéer.

Det finns ingen anledning att vara långvarig eller bevisbar vid denna tidpunkt. Målet är att få fram en gemensam syn på de viktigaste frågorna under varje rubrik.

- Få alla att tänka intensivt och fantasifullt på hela organisationen och dess externa sammanhang (se sidan 146).

- Tänk på kopplingarna mellan de fyra rutorna. Vilka styrkor gör det möjligt för dig att dra nytta av möjligheter eller övervinna hot? Vilka svagheter måste du ta itu med för att kunna dra nytta av dem?

- Prioritera dina listor genom att titta på deras relativa inverkan och
- sannolikhet. Gör de prioriterade listorna till specifika strategier (eller planer) med datum och ägare. SWOT-analysen kan gå från tanke till handling.

Uber använder till exempel en mobilbaserad smartphoneapp för att koppla ihop kunderna med tillgängliga taxibilar i närheten. Ubers strategi kombinerar grundarnas styrkor för att direkt angripa de traditionella taxiföretagens svagheter.

Grundarna hade båda en stark förståelse för mobil programvara.

Båda hade personliga investeringsfonder och nätverk i hjärtat av Silicon Valley för att få ytterligare finansiering och uppmärksamhet. Dessa styrkor skapade möjligheter.

Traditionella taxiföretag bromsades ofta upp av en svårhanterlig blandning av okonstlade organisationer, med många små företag med ett taktiskt perspektiv och farligt låga investeringar. De var också sårbara på grund av självbelåtna förväntningar på kundservice. Dessa svagheter ledde till hot.

När Uber lanserades älskade en ny generation kunder hur Google Maps visade hur länge de skulle behöva vänta, möjligheten att ge feedback på taxichaufförer och enkelheten i att betala automatiskt i slutet av varje resa.

Tyvärr för Uber och dess investerare dolde dessa styrkor också svagheter. VD:ns attityd att vinna till varje pris, tillsammans med brospeak om att vara "superpumpad" och "alltid på hugget", skadade varumärket, ledde till stämningar och skapade nya fiender. Det pris som vd:n fick betala var att han fick sparken från det företag han grundat.

Porters fem konkurrenskrafter

Din strategi har ett konkurrensmässigt sammanhang. Det finns externa krafter som består av åtgärder från köpare/kunder, befintliga konkurrenter, nya aktörer, nya produkter och leverantörer. Den här modellen hjälper dig att se dessa krafter tydligare och att reagera strategiskt på dem.

Porters fem konkurrensfaktorer

Källa: Anpassat från Porter, M. E., "How competitive forces shape strategy", Harvard Business Review, Harvard Business School Publishing, mars/april 1979.

Hur man använder

Visa diagrammet så att gruppen kan se det. Börja med att få en allmän känsla för om (och hur mycket) krafterna ökar eller minskar. Använd ett motsvarande antal plus- eller minustecken för att illustrera. Försök att illustrera gruppens magkänsla med specifika exempel för att levandegöra varje konkurrerande kraft.

- Fundera över varför en viss kraft ökar och minskar: Är inträdeshindren på väg ner eller upp? Är din produkt lättare eller svårare att kopiera eller ersätta?

- Fundera på hur du skulle kunna förändra en kraft till din fördel: Kan ni samarbeta närmare med partners eller kunder? Kan ni bygga på funktioner och system med mervärde som minskar hotet från substitut? • Undersök exemplen noggrant: Har nya aktörer en strategi som ni kan motverka? Vad händer om ni slutar konkurrera med dem? Vad blir resultatet om krafterna fortsätter att öka eller minska?

Ta som exempel New York Times, som grundades tillsammans med tusentals andra dagstidningar under en revolution inom masskommunikationen. I en värld som var helt hänförd åt meddelanden som levererades via tåg och telegraf tryckte tidningen "alla nyheter som kunde tryckas" och blev en marknadsledare som tjänade stora pengar på att skapa masspengar.

I USA är det omedelbara hotet från nya aktörer inte stort eftersom NYT vann det traditionella tidningskriget på en marknad där antalet läsare och annonser minskar. Faran är att ersätta dem med bloggar, tweets, Instagram och videoklipp som tillhandahåller nyheter och åsikter via Internet.

Huffington Post startade i en liknande konkurrenssituation tillsammans med miljontals andra bloggar med åsiktsbaserade artiklar som av vissa stämplas som amatörmässiga och ytliga. Problemet för NYT är att köparna av annonsutrymme gillade de mycket lägre priserna och att läsarna på nätet snabbt blev vana vid att inte betala alls.

Trots en ny logotyp som säger "alla nyheter som kan klickas" har NYT haft svårt att locka till sig de allra bästa leverantörerna av digitala färdigheter och 2000-talets internetjournalistik. Ansträngningarna att bygga upp betalväggar har i stort sett misslyckats i en ny konkurrenssituation på en ny marknad där NYT:s "journalistiska försprång krymper".

Porters generiska strategier

Porter hävdade att det bara finns tre allmänna strategier för att uppnå högre prestationer än genomsnittet. Man kan vara kostnadsledande genom effektivitet. Man kan utveckla unika produkter eller tjänster som är differentierade. Eller så kan man fokusera på nischmarknader.

Porters generiska strategier

Källa: Anpassat med tillstånd av The Free Press, a Division of Simon & Schuster, Inc. från Porter, M. E., Competitive Advantage: Creating and Sustaining Superior Performance, The Free Press, 1985. Copyright © 1985 av Porter, M. E. Alla rättigheter förbehålls.

Hur man använder

Du kan använda modellen för att ta reda på hur din nuvarande strategi passar in i extremerna kostnadsledarskap, differentiering och fokusering. Vem är kostnadsledande på din marknad? Vem har den mest unika produkten eller tjänsten? Vilka smala segment tas om hand av dig och dina konkurrenter?

Enligt Porter måste man välja mellan en av de tre om man vill ha en avkastning som ligger över genomsnittet. Han hävdar att det är dåligt för affärsverksamheten att fastna i mitten. Men erfarenheten visar att de som kan uppnå låga kostnader och differentiera sina produkter har stora fördelar. Du kan använda den här modellen för att överväga fördelarna med att minska kostnaderna, differentiera dina produkter eller fokusera.

Kan du gå från en fördel till en annan? Den traditionella vägen går från (1) låg kostnad till (2) fokuserad differentiering till (3) bredare differentiering på massmarknaden. Varje steg ger resurser (och trovärdighet) för att växa och, om det görs rätt, kan det övertyga konkurrenterna om att flytta sig ur vägen och släppa in dig.

Som exempel kan nämnas Ryanair. Det var ännu ett litet flygbolag som gick med förlust när dess nya vd beslutade att följa en strategi för kostnadsledarskap som influerats av amerikanska Southwest Airlines. En del av hemligheten bakom hans framgång var att han gjorde denna strategi tydlig för potentiella passagerare och att han obevekligt följde den i den dagliga verksamheten.

Ryanair har också marknadsfört sig till en smalare grupp - en lågprisgrupp. Detta inkluderar personer som är villiga att acceptera europeiska flygplatser som ligger utanför och en grällt utan bekvämligheter-estetik. Ryanair erbjuder traditionellt sett inte flygningar i affärsklass eller flygplatslounger. Företaget kräver betalning för platsreservation, mat ombord och utskrift av biljetter. Ryanair använder sig av kontroverser för att få uppmärksamhet.

På senare tid har lågkostnadskonkurrenterna pressat Ryanairs planer på fortsatt tillväxt. Vissa erbjuder lägre priser. Andra erbjuder bättre service till samma priser. Andra säljer lite mer för ett något högre pris. Ryanair har reagerat på konkurrenternas differentiering genom att erbjuda en ny biljett i affärsklass och lätta på sin mer splittrande politik. Det är närmare mitten, men är det farligt eller smart?

Burgelmans modell för strategidynamik

Strategin skapas inte i ett vakuum. Det sker i en miljö som kan vara stabil eller dynamisk. Det är värt att veta vilken typ av bransch du står inför. Och det är också värdefullt att veta vilken typ av organisation man har att göra med.

Burgelmans modell för strategidynamik

Källa: Anpassad från Robert A. Burgelman.

Hur man använder

Denna modell är användbar för att granska den typ av dynamik som alla strategier som du skapar måste arbeta med. Den har två nyckelkomponenter: nivån på förändringarna i branschen (eller branschens omgivning) och mängden förändringar som görs av enskilda företag, inklusive ditt företag. Tänk på följande:

- Nivåer av regeländringar i din miljö. Är branschen ganska stabil med relativt förutsägbara förändringar som görs i enlighet med väletablerade regler? Är konkurrensen begränsad till egenskaper och kriterier som är väl kända? Finns det förändringar i omgivningen som ligger utanför enskilda företags åtgärder? Finns det förändringar i branschens struktur? Hur är det med den rättsliga grunden för branschen? Eller dess tekniska grund? Eller nya aktörer eller ersättningsprodukter? • Nivåer av regeländringar av enskilda företag. Finns det företag som ändrar konkurrensreglerna? Är det någon som prövar nya affärsmodeller? Utmanar enskilda företag branschens motsättningar och begränsningar? Hur många enskilda företag utmanar (eller ändrar) reglerna? Är ditt företag ett av dem som ändrar reglerna?

I slutet av 1970-talet var Vincent McMahons WWE ett företag som ändrade reglerna i den professionella brottningsbranschen. Till en början gjorde detta det möjligt för företaget att dra nytta av kontrollerade förändringar i branschen. Det gick utanför traditionella geografiska gränser för att skapa underhållning med nationell tv-syndikering och global attraktionskraft.

WWE började möta oberoende förändringar i branschen som låg utanför dess kontroll. Ny internetbaserad underhållning erbjöd nya format och en affärsmodell med gratis visning från alternativ som Ultimate Fighting Championship. Och eftersom WWE fortsätter att bryta mot reglerna är bakgrunden till dess framgång en brinnande industriförändring.

Porters värdekedja och värdesystem

Företagets förmåga att konkurrera framgångsrikt handlar om allt som företaget gör och hur allt är organiserat. Värdekedjan är ett användbart sätt att se på hela organisationen, medan värdesystemet hjälper dig att se hur du passar in i en större helhet.

Porters värdekedja

Källa: Anpassat med tillstånd av The Free Press, a Division of Simon & Schuster, Inc. från Porter, M. E., Competitive Advantage: Creating and Sustaining Superior Performance, The Free Press, 1985.

Hur man använder

Tänk på ditt företag som en kedja av aktiviteter inom ett större värdesystem som leder till övergripande resultat. Dela upp det ditt företag gör i primära aktiviteter som direkt producerar och levererar produkter och stödaktiviteter som gör primära aktiviteter möjliga. Börja sedan ställa frågor.

- Hur väl fungerar de enskilda funktionerna?
-

Vad kan ni göra för att förbättra hur olika funktioner passar ihop för att skapa konkurrensfördelar? Vilka steg och delar kan läggas till eller tas bort?

- Kan de enskilda funktionerna mäta sig med de bästa i världen? Förstorar det övergripande värdesystemet fördelarna?

- Hur står ni i jämförelse med era konkurrenters värdekedjor och system? Var finns vinstpotentialen på din marknad?

Undersök din värdekedja och ditt system för att se hur effektivt de tillför värde till kunden. Du vill också veta hur väl de bidrar till ditt strategiska resultat. Sök efter möjligheter - och hot - från styrkor och svagheter i det övergripande systemet.

Hermès är ett lyxigt modemärke som omsätter flera miljoner dollar och som grundades som en verkstad i Paris på 1800-talet som tillverkade selar för aristokratin. Sönerna till grundaren utökade sitt team av hantverkare till att producera ett växande sortiment av accessoarer, kläder, handväskor och halsdukar.

De sålde varor via detaljhandelspartners och egna framåtriktade butiker. De expanderade också genom partnerskap och förlitade sig på en schweizisk klocktillverkares expertis. Hermès introducerade den ikoniska logotypen Duc carriage på 1950-talet. Företaget stärkte framgångsrikt sin primära verksamhet genom att anställa toppdesigners och experter inom detaljhandeln.

Hermès ökade integrationen framåt genom att minska antalet franchisetagare och utöka sina egna företagsägda butiker. Integrationen bakåt ökade också genom att företaget köpte krokodilfarmer och garverier. Företaget utnyttjade sin fördel i det som Hermès kallar metamorfos -

förmågan att göra dyrbara material ännu dyrbarare genom skickliga hantverkare. Det fördjupar sina vinstpooler.

Kärnkompetens och resursbaserad syn

Som strateg måste du se vilka resurser du har till ditt förfogande. Du måste förstå hur samlingen av färdigheter, kunskap, materiell och immateriell egendom kan ge strategisk kapacitet. Och du måste se kreativt hur dessa kompetenser skapar möjligheter eller kan användas för att utnyttja möjligheter.

Kärnkompetenser och resursbaserad syn

Hur man använder

Kärnkompetens är en kombination av resurser och förmågor som en organisation har tillgång till. De kallas ibland för strategiska tillgångar när de erbjuder en särskild förmåga, särskilt när denna förmåga anses bidra till att uppnå organisationens mål.

Försök att förstå de viktigaste komponenterna i din externa miljö (politik, samhälle, teknik med mera). Undersök konkurrensdynamiken på din marknad eller strategiska grupp och den interna dynamiken i din organisation.

Undersök vad som gör ditt företag unikt. Vilka är era gemensamma värderingar och övertygelser? Vilka typer av inbäddad tyst kunskap eller djupa kunskaper har ni? Vilka är recepten och rutinerna?

Tanken är att hitta värdefulla recept och sällsynta ingredienser som andra inte har, som är svåra att imitera, och sedan organisera sig för att omvandla dem till överlevnad och hållbara konkurrensfördelar.

Som exempel kan nämnas Flight Centre. Dess grundare, veterinären "Scroo" Turner, började sälja rabatterade flygbiljetter på den australiska huvudgatan för cirka 30 år sedan. Hans okonventionella recept fungerade.

Officiellt är alla medlemmar i Flight Centre-stammen med gemensamma värderingar och övertygelser från vinstincitament som inbjuder till en känsla av ägarskap. Flexibla rutiner gynnas av sju personers team - eller familjer - som tävlar med andra familjer och byar. Tyst kunskap, den typ av kunskap som inte är nedskriven, baseras på anställdas expertis och erfarenhet av resor för att leverera överlägsen kundservice och försäljning.

När grundaren avgick som VD fick företaget efter en enorm vinstminskning smeknamnet "Flightless Centre". VD:n återvände - tillsammans med sina sedvanliga uttalanden om "Vad fan är det som pågår här?" - och lönsam tillväxt.

Vad händer om vd:n inte förstår den externa miljön genom att felaktigt ignorera påtryckningar från regeringen? Eller om han missförstår konkurrensdynamiken på Internet? Eller missar viktiga interna dynamiker som är alltför beroende av honom för att kunna tänka självständigt?

Risken är att Flight Centre missar sin kärnkompetens. Det kan vara värdefullt att ses som ett av de bästa företagen att arbeta med men samtidigt leverera dålig kundservice. Eller misslyckas med att växa för att man inte förstår DIY-etiken med direktbokning eller den ökade estetiken hos nya tjänster som Airbnb eller Hipmunk.

Nonaka och Takeuchis kunskapsspiral

Du vill ta reda på vad du är bäst på så att du kan omvandla det till en strategisk fördel. En del av vad du är bäst på är hur du lär dig och vad du vet. Dessa förmågor kan bli strategiska tillgångar. De kan utgöra grunden för en differentierad strategi.

Nonaka och Takeuchis kunskapsspiral

Källa: Anpassat från Nonaka, I. och Takeuchi, H., The Knowledge-Creating Company, Oxford.

University Press, 1995

Hur man använder

Det finns olika typer av kunskap och lärande. Underförstått är det som vi vet utan att skriva ner det eller tydligt ange det. Explicit är det som vi vet och som har skrivits ner eller tydligt angivits. Tanken är att du ska förstå hur kunskap skapas och hur man delar med sig av den kunskapen.

Det är i socialiseringen som de flesta nya kunskaperna kommer ifrån. Människor lär sig av och delar erfarenheter. De pratar, observerar, imiterar, brainstormar och "plockar upp" färdigheter som formar vad de gör och tänker. Internalisering är ett försök att formellt lära ut kunskap som redan är nedskriven - detta är traditionell utbildning. Externalisering innebär att man försöker skriva ner sina egna hemliga recept med hjälp av modeller och checklistor så att de är enklare att lära sig. Kombinationen sammanför hemliga recept och formell kunskap för att skapa bättre sätt att göra det man vill åstadkomma.

Identifiera hur du lär dig. Hitta dina hemliga recept och kombinera dem med den bästa formella kunskapen. Varning: Det handlar inte om traditionell kunskapshantering. Kunskapsspiralen kan hjälpa dig att bli bäst på att lära dig och använda det du lärt dig.

Toyota Way hjälpte företaget att bli världens största fordonstillverkare. Företaget fick värdefull tyst kunskap genom att lära sig genom att göra.

Denna inlärning skedde genom att generationer av ingenjörer - kända som "gudar" - fick smutsiga händer.

Tyvärr kan explicit kunskap bli till oflexibla regler som kan hota överlevnaden för dem som tanklöst följer dem. Därför ersätter Toyota robotar med människor eftersom människor kan lära sig. Och det är därför Daihatsu, ett dotterbolag till Toyota, hoppade tillbaka in i kunskapsspiralen. Företaget ville halvera priset på sin minibil för att kunna vinna på tillväxtmarknaderna.

Ingenjörer som Daihatsus vd skickade till inköpsavdelningen hittade överdrivet dyra delar och en överdrivet mysig försäljningsprocess med långa luncher och överdriven stabilitet. VD:n förklarade att den nya uttryckliga regeln var att hitta billigare delar från vilken leverantör som helst, var som helst i världen. Detta innefattade att lära sig av generiska - eller falska - tillverkare i Kina och Indien. Nya lärdomar för en ny värld.

Peters, Athos och Watermans 7-S-ramverk.

Strategin är beroende av att många delar kombineras på ett sätt som kan ge resultat. Även om din strategiska position och dina avsikter är goda måste du ändå komma ihåg vikten av att passa ihop delarna. Den här modellen har utformats för att ta hänsyn till kopplingarna mellan varje del - och för att påminna er om att "struktur är inte organisation".

Peters, Athos och Watermans 7-S-ramverk.

Hur man använder

7-S-modellen skapades för att visa att strategi handlar om mer än att förvalta en portfölj av företag (företagsstrategi). Och att organisation är mer än struktur. Varje del av varje verksamhet måste organiseras på ett sätt som skapar framgång. Denna kombination av delar kan stödja den formella strategin eller förändra strategin tack vare effektiv och kreativ förvaltning.

Ett sätt att använda 7-S-modellen är att ta reda på hur man kan få delarna att fungera tillsammans på ett sammanhängande sätt. Hur kan varje del anpassas till de andra? Vilket är det bästa sättet för varje del att fungera? Vilka färdigheter, system, stilar, personal och strukturer är nödvändiga för strategin? Kan de övergripande (eller överordnade) målen uppnås genom kombinationen av delarna? Hur påverkar de gemensamma värderingarna åtgärderna?

Ett annat sätt att använda 7-S-modellen är att leta efter spänningar mellan dessa som en källa till möjligheter. Vad kan man lära sig av motsättningar och konflikter? Vilka möjligheter kommer att möjliggöra en revolutionär förändring? Hur kan du hålla dig på gränsen till strategisk innovation? Hur kan du fortsätta att förnya strategin? Hur kan ni överskrida konflikter och motsättningar för att skapa nya marknader?

När Lenovo köpte IBM fick företaget också en före detta IBM-chef. Han stannade inte länge. Det gjorde inte heller hans ersättare, en före detta Dell-chef. Båda försökte införa värderingar och tillvägagångssätt för de 7S-systemen som inte tog tillvara på deras olika talanger och möjligheter.

Grundaren återvände som VD. Tillsammans med sin personal fastställde han gemensamma värderingar, de 5P:s, som ska vägleda Lenovo Way. Fokus blev på att utnyttja mångfald för att bättre tillgodose kundernas behov - något som de ser som en nyckelfaktor för lönsam tillväxt.

Kompetensen ombalanseras utifrån efterfrågan genom korsutbildning som är utformad för att utnyttja personalens talanger. I stället för att förlita sig på sina föregångares komplexa strategidokument, formulerar den nuvarande VD:n sin strategi med två ord:

skydda och attackera. Deras stil kombinerar långsiktig kinesisk strategi och kortsiktigt västerländskt fokus på vinst.

Scenarioplanering

Du försöker forma framtiden, men framtiden är osäker. Scenarier kan hjälpa människor att förutse, förstå och lära sig om framtiden. Genom att acceptera osäkerhet kan du bli bättre på att utveckla strategier och få dem att fungera.

Scenarioplanering

Hur man använder

Lista de antaganden du gör om framtiden (C) för att din planerade strategi ska fungera. Fundera över vad som måste hända inom och utanför ditt företag för att det ska bli framgångsrikt. Identifiera de mest osäkra och de mest betydelsefulla antagandena. Börja sedan leka fantasifullt med trender och traditioner för att utforska nya, icke uppenbara framtider.

Vid all scenarioplanering bör antaganden offentliggöras (öppenhet) och fler alternativ övervägas (mångfald). Fokus flyttas från vad som händer globalt (A) och vad konkurrenterna gör (B) till att överväga en rad uppenbara och mindre uppenbara scenarier för framtiden (C).

- Att skapa mening: Hur fungerar ett komplext problem eller ett område med osäkerhet i praktiken? Vad betyder en trend?

- Förutse förändringar: Vad kan hända i framtiden? Vad kan konkurrenterna (B) göra? Vad kan leda till möjligheter eller hot? Vad händer globalt (A)?

- Inlärning: Vad kan man lära sig om det som händer? Om kundernas karaktär? Eller konkurrensen? Eller hur man tänker? Hur kan du lära dig mer genom att experimentera?

- Utveckla en strategi: Hur flexibel är din strategi? Vilka andra alternativ finns det? Kan du hitta bättre sätt att utforma den osäkra framtiden?

Marvel Comics gick i konkurs på 1990-talet eftersom huvudägaren använde företagets framgång för att finansiera misslyckade investeringar. Företaget klarade sig undan konkursen med hjälp av ett slags strategiskt scenariotänkande. Den nya vd:n och ledningen hade erfarenhet av omställningar som hjälpte till att förstå och förutse de utmaningar som man skulle ställas inför på kort och lång sikt.

De utvecklade en strategi för att få flera fördelar utifrån flexibla framtidsscenarier och hypoteser. De övergick till en licensmodell för nya marknader, inklusive TV, kläder, videospel och filmer. På kort sikt ökade Marvel sina likvida medel, stärkte sitt globala varumärke och minskade skulderna. På medellång sikt lärde man sig hur man vinner på nya marknader och undviker andra - som Internet. På längre sikt använde företaget medel och expertis för att investera i egna egenutvecklade storspel och filmer.

Den återupptäckte värdet i Marvels serietidningsuniversum och anpassade det till Marvels filmuniversum. Man anställde livslånga serietidningsfans som viktiga chefer, producenter, manusförfattare och skådespelare. Man rörde sig i riktningar som inte var uppenbara för konkurrerande filmstudior och serieförlag - och med fantasi formade man en framtid som var så attraktiv att Disney köpte den i en mångmiljardaffär.

Ansoffs tillväxtnät

De flesta företag vill växa. Det är svårt att avgöra när man ska lansera nya produkter och när man ska gå in på nya marknader. Tillväxtnätet kan göra valen tydligare. Grupper av människor kan också delta i diskussionen. Det kan också hjälpa dig att fatta beslut om strategi.

Ansoffs tillväxtmatris

Källa: Anpassat från Ansoff, I., "Strategies of diversification", Harvard Business Review 25(5), Harvard Business School Publishing, 1957.

Hur man använder

Börja med att lista nuvarande marknader, produkter och tjänster. Undersök hot, möjligheter, styrkor och svagheter (SWOT-analys). Tänk på den befintliga och nya marknaden och produkterna (5 krafter). Ta reda på vilka unika möjligheter ni erbjuder (värdekedja).

• Vilka är möjligheterna och hoten på nya marknader och med nya produkter? Skulle det vara lättare (eller mer givande) att gå in på en ny marknad? Är risken med att lansera nya produkter för stor? • Har några av era konkurrenter lanserat nya produkter? Finns det några konkurrenter från marknader där ni inte konkurrerar? Ger er kapacitet er en konkurrensfördel?

Det är värdefullt att använda tillväxtnätet för att hålla igång diskussionen om valen. Situationen förändras med tiden och rutnätet kan hjälpa dig att komma ihåg logiken (och antagandena) i beslut som fattats tidigare och när du ska ändra dem. Försök att välja nya marknader av positiva snarare än negativa skäl - hitta fördelar som hjälper dig att vinna.

När Nike lanserade sitt Fuelband på befintliga marknader och kunder var produkten ny och låg före sina huvudkonkurrenter. Produktutvecklingen var dyr och riskfylld, men lanseringen var framgångsrik och ledde till en betydande ökning av vinsten för företagets utrustningsdivision.

Två år senare ändrade Nike sitt tillvägagångssätt på grund av mognad och konkurrens på en överbelastad marknad. Fuelband-hårdvaran var populär, men mjukvara och partnerskap ses som det bästa sättet att vinna stort. De kan diversifiera på ett sätt som ger dem möjlighet att uppnå stordriftsfördelar i fråga om kärnkompetens och ledningsförmåga.

Nike har kontakt med 18 miljoner användare via sitt ekosystem på nätet, men vill ha de hundratals miljoner som använder konkurrerande smartphoneappar och trackers. Nike har öppnat ett labb för samarbete eftersom det inte finns några strategiska fördelar med hårdvara nu när marknaden för träningsmätare har utvecklats. Nikes tillväxtstrategi är dynamisk. Den spelar för att vinna och anpassar sig till styrkor och möjligheter.

Boston Consulting Groups (BCG) matris för tillväxtandelar.

Det kan vara svårt att prioritera fokus på specifika marknader och produkter. Produktportföljmatrisen organiserar produkterna efter marknadstillväxt och marknadsandel. Du kan sedan rikta investeringarna mot de produkter som bäst stöder organisationens strategi och mål. Använd den med kreativitet och försiktighet, eftersom den ofta är farligare än nyttig.

BCG:s matris för tillväxtandelar

Källa: Anpassad från The BCG Portfolio Matrix från Product Portfolio Matrix, © 1970, The Boston Consulting Group (BCG).

Hur man använder

Tanken är att hitta marknadstillväxt och marknadsandelar för de produkter (eller divisioner eller dotterbolag) som du fokuserar på. En relativ uppskattning räcker i ett tidigt skede. Målet är att organisera det du har i fyra grupper så att du kan bestämma hur du bäst prioriterar ansträngningar och investeringar. Det är ett verktyg för att tänka.

Ska du investera mer i stjärnor och mindre i kassakor eftersom de inte kan växa? Eller ska man investera i kassakor för att skydda intäkterna? Kommer omprövning av hundar att förändra deras förmögenhet? Eller har de egentligen ingen framtid alls? Kan frågetecken förvandlas till stjärnor? Allt detta kan vara missvisande - eller upplysande - beroende på hur det görs.

Varning! Det finns stora fallgropar med denna matris om den används utan att man tänker igenom den noga. Marknaderna är i allmänhet inte klart definierade. Marknadsandelar är inte samma sak som lönsamhet (eller önskvärdhet). Och specifika möjligheter och hot kan helt ändra investeringskriterierna. Det är bättre att ha en balanserad strategisk syn än att låta sig förblindas av etiketterna.

När BCG-matrisen skapades antogs den relativa marknadsandelen vara kopplad till lönsamhet. Dess skapare hävdade att företag med högre marknadsandelar än närmaste konkurrenter skulle ha mer know-how. Företag med större know-how kunde ha lägre kostnader och högre vinster jämfört med sina närmaste konkurrenter.

Andra matriser finns tillgängliga. McKinsey och GES matris har nio celler organiserade efter affärsenheternas styrka och branschens attraktionskraft. BCG Advantage Matrix jämför antalet konkurrensfördelar med fördelarnas storlek. Det finns till och med en matris för sociala entreprenörer som är utformad av Robert Gruber och Mary Mohr. Du kan välja "nödvändiga onda ting" med hög avkastning och låga sociala fördelar eller sträva efter "den bästa av alla möjliga världar" med hög avkastning och sociala fördelar.

En förenklad användning av strategiska verktyg kan leda till en dum strategi. Skaparen av BCG-matrisen var medveten om fallgroparna, men de som använder sådana modeller kanske inte är det. Att hantera en blandad portfölj kan vara en bra idé, men skapa sätt att gruppera dina ansträngningar som fungerar för dig. Och leta efter de bästa möjligheterna att vårda idéer, produkter och företag.

Företagstjuvar och riskkapitalbolag fick ett dåligt rykte och en rik livsstil genom att hitta företag med låga värderingar i förhållande till potentialen. Marvel, som diskuterades tidigare, köptes av en raider som "mjölkade kon". Först efter konkursen förvandlade en investerare i en omvänd situation hundar, kor och frågetecken till stjärnor med en sammanhängande strategi. Med verkligt värde för intressenterna.

Kim och Mauborgnes fyra åtgärder

Det kan vara lätt att fastna i att göra samma saker för samma kunder. Det finns affärsvanor som blir fasta i vissa företag eller branscher. Med den blå ocean-strategin frågar man sig om det är möjligt att ändra värdekurvan och fokusera på icke-kunder.

Kim och Mauborgnes fyra åtgärder

Källa: Anpassat från Kim, W. C. och Mauborgne, R., Blue Ocean Strategy: How to create an uncontested market space and make the competition irrelevant, Harvard Business School Publishing,

2005

Hur man använder

Se på din produkt i ljuset av kundernas och icke-kundernas preferenser. Tänk på hur produkten används och hur den står sig i förhållande till branschgenomsnittet (eller reglerna) för produkter. Fundera sedan på ett fantasifullt sätt över om icke-kunder skulle köpa om du ändrade några av branschens antaganden.

Du kan minska en egenskap, ta bort den helt eller höja nivån eller kvaliteten på egenskapen. Du kan också skapa en egenskap som aldrig tidigare har förekommit i din bransch (eller på din marknad). Du vill öka värdet samtidigt som du minskar kostnaden för att tillhandahålla det som dina målkunder inte uppskattar.

På sätt och vis är detta en metod för att differentiera din produkt från andra (se sidan 70), gå in på nya marknader (se sidan 103) eller störa genom innovation (se Innovationsboken). Det har fått kritik för att vara opraktiskt, men är användbart för att generera idéer för att kreativt omforma kärnkompetenser eller värdekedjan.

Du försöker undvika röda hav där alla gör samma sak för samma kunder och i stället minimera konkurrensen genom att hitta strategiska luckor i nya marknadsområden - blå hav. Denna typ av värdeinnovation har använts för att förklara framgångarna för Cirque du Soleil, som skapade ett nytt marknadsområde, och Dyson, som snabbt attackerades av aggressiva konkurrenter.

Ofta är detta en reaktion på en möjlighet snarare än ett medvetet försök att hitta ett oöverträffat marknadsutrymme. Pandora, till exempel, började sälja charmarmband. Dessa blev ett Lego-liknande system av armband och ringar som var attraktivt för icke-traditionella kunder. En lyxprodukt i prisvärda delar - tillgänglig för vänner och familj.

Greiner's tillväxt- (och kris-) modell

Strategin kan ta hänsyn till de interna utmaningar som du står inför. Dessa utmaningar förändras genom organisationens historia (och tillväxt). Tillväxtmodellen föreslår olika utmaningar för olika faser. Den beskriver var och en av dessa utmaningar som en kris.

Greiner's tillväxt- och krismodell

Källa: Anpassat från Greiner, L. A., Evolution and Revolution as Organizations Grow, Harvard

Business School Publishing, 1998

Hur man använder

Tänk på organisationens historia och nuvarande status. Tänk på vilka faser och kriser som har inträffat sedan starten. Det är särskilt värdefullt som en ram för diskussion. Den kan ge en grupp en struktur för att bättre förstå de utmaningar och lösningar som krävs av strategin.

En organisation börjar med kreativitet tills den hamnar i en ledarskapskris där människor söker efter en riktning. Så småningom blir ledarskapet överväldigat, vilket leder till en autonomikris där människor behöver delegering. Autonomi kan i sin tur leda till en kontrollkris som kräver ytterligare samordning. Instinkten för kontroll riskerar att leda till en byråkratikris som kräver ett smidigare samarbete. Slutligen nås en tillväxtkris som gör att man måste söka efter externa allianser.

Denna modell är inte en perfekt förutsägelse av vad som händer i varje organisation. Faserna kan hoppa över eller upprepas. Fördelen med modellen är att överväga om något liknande de kriser som beskrivs här passar bra för dina utmaningar. Den hjälper dig sedan att överväga vilken typ av lösningar som naturligt behövs.

Det handlar på sätt och vis om att strategiskt förädla de tillgängliga medlen för att göra det mer sannolikt att uppnå önskvärda mål. När Twitter, som diskuterats tidigare i den här boken, fyllde sju år hade man också nått ett slags ledarskapskris.

Företagets tredje VD verkade ha rätt bakgrund, med Andersen Consulting och som serieentreprenör, för att bli en professionell ledare. Ändå hade han aldrig lett något så här stort.

Inför börsnoteringen på New York Stock Exchange genomgick företaget ännu en omorganisation. VD:n minskade antalet personer som rapporterade direkt till honom till endast fyra. Tanken var att bättre utnyttja deras tekniska hjärnkapacitet. De ville ha snabbare produktförbättringar och en mer fokuserad strategi. Något som investerarna säkert skulle kräva.

Ett år senare hade vd:n ännu inte hittat en stabil organisation eller en klart definierad strategi. Människor kan inte bidra på ett effektivt sätt om alla bygger mot ett annat, ständigt föränderligt mål. För att utvecklas som företag måste Twitter ta sig förbi sin nuvarande kris och hitta en hållbar inriktning. En utveckling och revolution i taget.

De Wit och Meyers strategiska spänningar

Det finns alltid motsägelser. Det finns alltid spänningar i människors sätt att se på saker och ting - och i vad de tycker borde hända. Smarta strateger lär sig att acceptera att det inte alltid finns ett bästa sätt att organisera medel - eller nödvändigtvis ett enda önskvärt mål.

De Wit och Meyers modell för strategiska spänningar

Källa: Anpassat från De Wit, B., Meyer, R och Heufens, P., Strategy: Process, innehåll, sammanhang: En

International Perspective, Cengage Learning, Inc., 2010

Hur man använder

Modellen hävdar att strategi innebär val och att dessa val styrs av olika ståndpunkter. Varje val, eller perspektiv, har en motsats. Varje tes har sin antites. Man kan försöka hitta den bästa lösningen, kombinera det bästa, göra ett val eller hitta en balans mellan två ytterligheter.

För en viss lösning är det värt att överväga de extrema motsatserna. Om någon föreslår en revolution, tänk då på evolutionen.

Om planen är att samarbeta, fundera över fördelarna med konkurrens. Om globaliseringen har blivit uppenbar, jämför den med lokaliseringen.

Målet är inte att vara obekväm utan att först se på den andra sidan och sedan skapa tydliga alternativ utan att fastna i ett evigt sökande efter ett perfekt svar. Som ett resultat av detta är det troligare att du både hittar smarta kombinationer av ytterligheterna som ger betydande fördelar och att du bättre förstår de antaganden som ligger till grund för ett visst argument.

Tiger, en av världens snabbast växande detaljhandelsföretag, har lyckats genom att spela kreativt med strategiska spänningar. De danska grundarna Suzanne och Lennart Lajboschitz ville att allt skulle vara så enkelt och prisvärt som möjligt. Trycket på enkelhet handlade om att göra verksamheten lättare att driva, trycket på överkomlighet handlade om att tilltala så många kunder som möjligt.

Men de kände sig också pressade att bara sälja saker som var värda att köpa. De hade en innerlig önskan att leva enligt vad de beskriver som paradoxen "ge människor mer och ta mindre betalt". De ser inte ett lågt pris som en ursäkt för att leverera dåliga produkter. Istället tog de det som en möjlighet att utforma egna produkter med hög funktionalitet och hög känsla, i stället för att förlita sig på leverantörer av låg kvalitet.

Tiger, som beskrivs som IKEA på huvudgatan eller som en designbutik i dollarformat, har mer än 450 butiker över hela världen. Här säljs bland annat finurliga stickade tekannavärmare, förtjusande snigelformade tejpbehållare, fotbollar och gummiankor, tillsammans med grundläggande kvalitetsartiklar.

Tiger kunde ha försökt göra ett val mellan låg kostnad och högt värde - och hamnat i samma situation som alla andra pund- eller dollarförsäljare. Tiger kunde ha försökt hitta en balans mellan de extrema alternativen - ungefär som en traditionell stormarknadskedja som lämnar valet till kunderna. Istället strävar man efter att finna inspiration i syntesen - att få fram det bästa av alla världar. Det kan finnas genialitet i syntesen.

Cummings och Wilson: orientering och animering

En viktig fördel med en strategi kan vara att den hjälper till att fokusera och motivera människors individuella ansträngningar. Denna modell undersöker i vilken utsträckning strategin styr en organisations tänkande och agerande. Den undersöker också hur väl den stimulerar och engagerar människor.

Cummings och Wilsons orienterings- och animeringsmodell.

Källa: Anpassat från Cummings, S. och Wilson, D., Images of Strategy, Wiley-Blackwell, 2003.

Hur man använder

Fundera över i vilken utsträckning människor i den nuvarande organisationen är motiverade (eller motiverade). Är moralen hög? Arbetar folk hårt och kreativt? Fundera sedan över hur effektivt den nuvarande strategin hjälper till att orientera den typ av insatser som behövs. Markera de nuvarande nivåerna för båda.

Nästa steg är att fundera på hur en ny strategi kan förbättra animering och orientering. Hur trovärdig och ny är den nya strategin? Kommer man att tro på den? Kommer den att förstås?

Hur intressant är strategin? Vad erbjuder den de personer som du behöver för att stödja strategin?

Det är också värdefullt att tänka på hur strategin kommuniceras och skapas. Hur många personer är involverade i skapandet? Vilken typ av aktiviteter och möten involverar dem? Kommer din strategi att hjälpa till att animera och orientera partner och kunder? Kommer människor att veta vad ni försöker göra? Kommer de att bry sig?

På IKEA är man mycket noga med att både animera (motivera) och orientera (fokusera) de anställda. En del av detta är deras blandning av utbildning, coachning och självstyrt lärande. En annan del är hur stilen och innehållet i de anställdas upplevelse utformas för att matcha de övergripande strategiska värderingarna och målen.

En rekryteringskampanj som kallades "Sätt ihop din framtid" kom komplett med en IKEA-liknande instruktionsbok för karriärer. I en annan platsannons i företagets blå och gula färger efterfrågades "WHY-SAYERS" - personer som "vill göra saker och ting bättre". Roligare. Smartare. De brukar betala mer och få mycket mer.

IKEA vill ha praktiskt sinnade människor eftersom företaget säljer en praktiskt sinnad produkt. Äventyrare efterfrågas eftersom IKEA är beroende av att dess medarbetare utvecklar sin kreativitet. IKEA vill ha det bästa av de tillgängliga talangerna och vill sätta dem i arbete på ett strategiskt sätt.

Lewins analys av kraftfältet

Den moderna förändringsmodellen har sin grund i psykologen Kurt Lewins kraftfältsanalys. Den undersöker de krafter som hindrar önskad förändring och de krafter som driver önskad förändring. Den hävdar att de hämmande krafterna bör minskas så att önskad förändring kan ske naturligt.

Lewins analys av kraftfältet

Hur man använder

I vår förbättrade version av modellen börjar du med att beskriva den typ av framtida situation som din strategi kommer att skapa, både utanför och inom organisationen. Beskriv sedan den befintliga situationen på samma områden inom och utanför organisationen.

Identifiera de skäl som driver din strategiska vision inom och utanför organisationen. Kräver kunderna förändringarna? Tvingar konkurrenterna fram förbättringar? Är det de anställda som föreslår att saker och ting ska göras? Eller finns det lagstiftning från regeringen?

Lista de hämmande krafter som kan hindra din önskade strategiska vision inom och utanför organisationen. Är de anställda missnöjda med förändringarna? Har ni rätt kompetens? Är ditt varumärke dåligt positionerat för att genomföra förändringarna?

Slutligen ska du undersöka hur du kan minska de hämmande krafterna så att förändringen sker naturligt och med ett minimum av konflikter och slöseri med arbete. Var dock försiktig så att du inte bortser från det så kallade motståndet, eftersom människor ofta motsätter sig förändringar av mycket goda skäl - och dessa måste förstås för att du ska kunna förbättra din strategi.

Inom konfektyrbranschen finns det många krafter som driver branschen mot förändring. Det finns påtryckningar utifrån från kampanjarbetare som vill ha rättvis handel eftersom de anser att det är etiskt riktigt och att det är ett sätt att hjälpa människor att komma ur fattigdom.

Green & Black är ett varumärke som utvecklades på grund av grundarnas etiska övertygelse. Detaljisterna gjorde hyllutrymme för rättvisemärkta produkter på grund av den drivande kraften i kundernas efterfrågan - och trots de etablerade konfektyrjättarnas motståndskraft.

Mycket senare började Nestlé mycket långsamt att gå över till rättvis handel och av helt andra skäl. Den främsta drivkraften verkade inte vara etisk. Drivkraften var rädsla för att förlora hållbara leveranser av kakao på grund av att fattiga jordbrukare övergav sina gårdar. Nestlé har åtagit sig att skapa öppenhet i leveranskedjan, investerat i skolor för jordbrukarnas barn och gett bort nya varianter av kakaoplantor. Därför att man är rädd för en framtid utan kakao.

Kotters åtta förändringsfaser

De flesta strategier innebär att man förändrar sig för att nå större framgång. Följaktligen är förmågan att förändra organisationer av strategisk betydelse. Det är meningslöst att skapa en fantastisk strategi om strategin inte kan omsättas i handling. Detta är en metod för att genomföra förändringar.

Kotters åtta förändringsfaser

Källa: Anpassad från Kotter, J. P., A Force for Change: Hur ledarskap skiljer sig från förvaltning,

Hur man använder

Det finns många förändringsmodeller som följer mer eller mindre samma steg. De börjar med att försöka göra något för att avskaffa status quo och slutar med att frysa organisationen så att den följer det nya önskade mönstret.

I Kotters modell finns det åtta steg. Man börjar med att skapa en känsla av brådska utifrån potentiella kriser och möjligheter och skapar sedan en koalition med trovärdighet för att leda förändringsarbetet. En tydlig vision utvecklas och delas sedan med människor som har befogenhet att undanröja alla hinder i deras väg.

För att skapa ytterligare tro på den strategiska visionen försöker man uppnå mycket synliga kortsiktiga vinster. Ytterligare förändringar görs och konsolideras för att hålla farten uppe. Vid en viss tidpunkt förankras vissa förändringar för att förhindra att de återgår till det gamla.

I praktiken kan många olika strategiska projekt och förändringar överlappa varandra. Detta skapar vissa svårigheter när det gäller att veta när det är bråttom och när det är dags att förankra förändringarna. Det leder också till problemet med förändringströtthet där människor helt enkelt inte kan uppbåda ytterligare entusiasm för ännu fler förändringar.

Den nyutnämnde vd:n för Mattel, den amerikanska leksakstillverkaren, meddelade att företaget behöver en sådan "känsla av brådska" för att producera nya leksaker och bli populärt bland yngre kunder. Den tidigare vd:n förlorade sitt jobb efter att Mattel förlorat sin position som världens främsta leksakstillverkare. Därav den brådskande situationen.

Den tidigare vd:ns vision var att vara framtidens spelverksamhet, men de strategier som utvecklades var inte framgångsrika. Under tiden blev Lego nummer ett och Hasbro övergick smidigt från att fokusera på leksaker för pojkar till leksaker med universell attraktionskraft. Mattel hamnade på efterkälken.

Efter 50 års framgång med Barbie har Mattel gjort många förändringar, men de har inte varit strategiskt framgångsrika. Man misslyckades med spelkonsoler på 1980-talet. Och förvärvet av Learning Company för 3,6 miljarder dollar 1999 misslyckades inom ett år.

Detta visar på några av de strategiska begränsningarna i förändringsmodellerna. Brådska garanterar inte framgång. En gemensam vision är ingen garanti för framgång. Och snabba vinster kan vara stora misstag som, om de förankras i det vanliga, leder till att företaget misslyckas.

Kaplan och Nortons balanserade styrkort

När du har en strategi på plats vill du veta hur väl den fungerar. Du vill inte bara mäta det ekonomiska resultatet. De ekonomiska konsekvenserna av en strategi är vanligtvis inte omedelbara. Det finns många områden som bidrar till en strategis framgång.

Kaplan och Nortons balanserade styrkort

Källa: Anpassat från Kaplan, R. S. och Norton, D. P., "The balanced scorecard: measures that divide performance", Harvard Business Review, Harvard Business School Publishing, 2005.

Hur man använder

Du kommer aldrig att skapa det perfekta balanserade styrkortet för din organisation. Men du kan flytta det strategiska fokuset till en rad olika mått som bättre återspeglar resultatet och framstegen mot din strategi.

Först och främst ska du ta med din vision och strategi. Den behöver inte vara slutgiltig, men det är bra att ha en uppfattning om vad som kommer att mätas. Därefter ska du betrakta verksamheten ur fyra perspektiv: ekonomi, kunder, processer och lärande. Vad måste hända inom alla områden om din organisation ska bli framgångsrik? Hur kan ni mäta hur väl ni lyckas?

Bli inte besatt av åtgärderna eller resultattavlan. Slösa inte överdrivet mycket tid på att mäta. Det kan räcka med en grov, opinionsbaserad mätning på många områden. Värdet här ligger i att göra strategin levande och ge människor en mer balanserad syn på vad som är viktigt i det de gör och uppnår.

VD:n för Britvic, en brittisk dryckestillverkare och PepsiCo-distributör, införde det balanserade styrkortet på grund av ojämna ekonomiska resultat.

Han fattade beslutet efter en coachningsworkshop med 450 högre chefer som gick igenom enkät- och resultatdata. Medarbetarundersökningen visade att ledarskapet var dåligt ansett, medan missade mål tydde på bristande ansvarstagande.

Ledarskapsbetygen ökade något, men inte tillväxten. Fler processer bidrog inte till företagets kreativitet, stoppade inte en produktåterkallelse som orsakade kvävningsrisker och räddade inte VD:s eller styrelseordförandens jobb när en konkurrent, AG Barr, försökte ta över.

Det var först när ordföranden fick sparken som han fick tid och utrymme att få en mer strategisk syn. Han kunde se hur attraktivt det var att investera i vilande varumärken och global marknadsföring för global tillväxt. När han återanställdes, denna gång som vd, antog han omedelbart en "tillväxtstrategi" som hittills har fungerat bra - särskilt med lanseringen av Fruit Shoot i Indien och USA.

Den smarta strategen kommer ihåg att en balanserad bild inte kan ersätta en strategisk bild av styrkor och svagheter. Hemligheten är att leta efter kopplingar mellan de olika åtgärderna som ger insikter om hot - och att söka efter attraktiva möjligheter.

Hrebiniaks modell för genomförande av strategier

Under de senaste åren har det varit ett ökat fokus på genomförandet av strategin. Tanken är att det inte är särskilt användbart att ha en fantastisk strategi om man inte kan få den att fungera i verkligheten. En del av detta är att besluta sig för att göra rätt sak, men resten är att få rätt sak utförd.

Hrebiniaks modell för genomförande av strategier

Källa: Anpassat från Hrebiniak, L. G., Making Strategy Work, Wharton School Publishing, 2005.

Hur man använder

Modellen för genomförande av strategin ger dig en logisk bild av olika delar av organisationen som behöver beslut och åtgärder. Använd den för att tänka och diskutera hur alla delar passar ihop. Fungerar detta bra? Kan det förbättras?

Företagsstrategin handlar om att hantera affärsportföljen, de resurser de får och vad som förväntas. Företagsstrukturen handlar om hur mycket man ska diversifiera eller fokusera, om huruvida man ska växa organiskt eller genom att gå samman med andra företag, och om hur mycket man ska centralisera eller decentralisera.

Affärsstrategi handlar om enskilda affärsbeslut om vilka produkter och tjänster som ska erbjudas, hur man ska konkurrera och hur man ska vara annorlunda. Affärsstruktur handlar om att besluta om hur företaget ska organiseras: olika typer av hierarkier, eller ingen hierarki, geografiska platser och funktionella grupperingar.

Var och en av dessa delar samverkar med de andra och med effektiva val av incitament och kontroller. Det handlar om hur man vet vad som händer, hur man organiserar arbetet inom den övergripande strukturen och hur man får återkoppling på prestationer samt vilken typ av ledarstil och kulturellt klimat som är bäst för att förverkliga strategin. Incitamenten bör uppmuntra den typ av arbete som ni behöver.

När P&G köpte Gillette, som redan var ett enormt framgångsrikt företag, ville man undvika att misslyckas. En del av detta var att se till att företagsnivån hade något att erbjuda för att göra den användbar för sina nya affärskollegor. Hur kunde man hjälpa Gillette att vinna större vinster?

Redan innan affären var klar har företagsfolket gått bortom grunderna för företagsstrukturer och system. De undersökte möjligheterna till tillväxt med Gillette. De arbetade med planer för att vinna på nya marknader som kombinerade expertisen.

Dessa kombinerade satsningar var enormt framgångsrika i nästan ett decennium, men P&G tvingades till slut skriva ned Gillettes värde med 8 miljarder dollar. För det första för att de var långsamma med att reagera på konkurrenter som erbjöd billiga rakhyvlar av hög kvalitet som såldes som prenumeration på nätet. Och för det andra för att de drabbades av en global trend för skägg.

Som smart strateg kan du dra nytta av att arbeta på avstånd från frontlinjen. Leta efter större trender eller förändringsvågor. Identifiera mönster av styrkor, svagheter, hot och möjligheter som de som befinner sig på affärsnivå är för nära för att se. Samla ihop de dagliga insikterna för att forma framtiden bortom det dagliga arbetet.

Hammer och Champys omarbetning av affärsprocessen

Syftet med många strategier är att förbättra företagets resultat. Processer förbinder olika delar av verksamheten, så om du förbättrar dessa processer kommer du att förbättra verksamheten som helhet. Det hävdas att en radikal förbättring kräver en radikal omarbetning.

Hammer och Champys modell för omarbetning av affärsprocesser.

Källa: Anpassat från Vakola, M., Rezqui, Y. och Wood-Harper, T., "The condor business process reengineering model", Managerial Auditing Journal, 15, 42-46, Stockholms universitet, 2000.

Hur man använder

Tanken här är att många försök att förbättra organisationers prestanda är slöseri med kraft eftersom de inte förbättrar de processer som människor arbetar genom. Den mer extrema varianten av omarbetning av affärsprocesser (BPR) är att många processer bör tas bort (tillsammans med de personer som utför arbetet) eftersom de inte tillför något värdefullt.

Grundläggande BPR innebär att ett team samlas för att se över befintliga processer i ljuset av strategiska visioner och mål. Dessa omarbetas och genomförs sedan, varvid människor följer nya processer som sedan utvärderas och kontinuerligt förbättras.

Re-engineering fick mycket kritik och besvikna resultat, vilket ledde till värdefulla lärdomar. Processer måste förstås tillräckligt väl i sitt sammanhang för att man skall kunna förutse konsekvenserna av att ändra dem. Grupperna behöver en blandning av personer som bryter mot reglerna och personer som värdesätter dessa regler för att undvika att göra mer skada än nytta. Människor är viktigare än processer.

Kom ihåg att processmetoder erbjuder lösningar när de används på ett intelligent sätt, men att många lösningar som tas till sin spets blir till problem igen. Mer än en organisation har fått stryka på en fet måltid av lean-metoder som stekts i processtungt smör.

Motorola var en stark förespråkare av Six Sigma-metoderna, men detta räddade inte företagets ledarskap på marknaden. IBM:s vd som förespråkade metoder för förbättring av affärsprocesser ledde också till en miljardförlust. Inte ens en rigorös processmetodik kan skydda dig från en dum strategi eller en bristande anpassningsförmåga.

Men det är lika sant att smarta strateger kan använda processmetoder för att tillhandahålla och anpassa tillgängliga medel för att uppnå önskvärda mål. Tänk på den oerhört framgångsrika Cleveland Clinic, som beskrivs som ett "sjukhus som försöker vara Toyota". Man försöker medvetet förbättra patientvården och samtidigt minska kostnaderna genom att standardisera processerna.

Michaud och Thoenigs strategiska inriktning

Olika organisationer har olika uppfattningar om hur mycket utrymme de har för att forma sin egen framtid - genom strategier och åtgärder. De reagerar också på olika sätt på uppfattningar om starka eller svaga externa begränsningar.

Michaud och Thoenigs strategiska inriktning

Källa: Anpassat från Michaud, C. och Thoenig, J. C., Making Strategy and Organization Compatible,

Palgrave Macmillan, 2003

Hur man använder

Tanken är att olika organisationer har olika uppfattningar om hur mycket valmöjligheter de har när det gäller sina strategiska åtgärder. Vem som helst skulle kunna besluta att göra vad som helst, men i praktiken känner sig vissa människor begränsade av olika saker som är externa eller interna för organisationen. Detta ger upphov till olika strategiskapande stilar (eller inriktningar).

- Hyrd - Din organisation uppfattar det externa trycket (på marknaden eller från investerare) som starkt. Som svar på detta antar den ett mycket kortsiktigt tillvägagångssätt för att utnyttja (och hantera) det externa trycket. Cheferna sträcker sig utanför organisationen för att få svar och för att hitta personer som kan hjälpa till. Konsten är att kombinera externa (och tillfälliga) talanger på ett sätt som uppfyller marknadens behov.

- Organisk - Din organisation uppfattar det externa trycket som starkt men väljer en långsiktig strategi. Ledarna hävdar att man kan utveckla interna färdigheter och kulturella förmågor som är bättre på att hantera externa påtryckningar. Innovation och flexibilitet är inbyggda så att organisationen använder alla anställdas talanger för att skapa och hantera möjligheter.

- Fragmenterad - Din organisation har reagerat på vad som uppfattas som svaga externa påtryckningar genom att bli ganska fastlåst. Den har förlorat förmågan att anpassa sig till nya marknadsförändringar och ägnar i stället sin energi åt kortsiktiga insatser för att blidka olika funktionella rivaliteter. Det leder ofta till stridigheter, eftersom mycket få människor ser någon press på att börja samarbeta.

- Självförsörjande - Din organisation ser svaga externa påtryckningar men reagerar genom att söka efter sina egna interna påtryckningar (eller önskemål) för att förnya och förändra. Den kanske känner sig trygg, men vill ändå uppnå något på lång sikt. Den vill växa och åstadkomma något värdefullt eller anmärkningsvärt. Personer som kan "skapa" en framtid som är värd att eftersträva värderas högre än personer som väntar på att något ska hända.

Du kan använda modellen för att fundera över vilken typ av organisation du tillhör och vilken typ av strategi som är typisk. Du kan sedan avgöra om organisationens uppfattning om yttre påtryckningar är korrekt. Och du kan undersöka om svaret på det externa trycket är önskvärt.

Det kan finnas skäl att försöka flytta fokus till en kortare eller längre sikt, beroende på den verkliga nivån på det yttre trycket, den framtida troliga nivån på det yttre trycket och individens och gruppens önskan att göra skillnad eller hantera politiken.

Burgelmans och Groves modell för strategins satsning

Vissa strategiska initiativ kan planeras och genomföras som en del av huvudorganisationen. Andra möjligheter måste utnyttjas självständigt. Balansen mellan inducerade och autonoma initiativ beror på marknadsdynamiken och tillgängliga kassareserver.

Burgelmans och Groves modell för strategins satsning

Källa: Anpassat från Burgelman, R. A. och Grove, A. S., "Let chaos reign, then reign in the chaos - repeatedly: managing strategic dynamics for corporate longevity", Strategic Management Journal, John

Wiley & Sons, 2007. Reproducerat med tillstånd av Blackwell Publishing

Hur man använder

Det är svårt för organisationen att driva flera strategiska initiativ samtidigt. Men om allt hanteras centralt finns det nya möjligheter som kommer att missas. Lösningen är att göra vissa resurser tillgängliga för autonoma initiativ.

Du kan ändra balansen mellan resurserna beroende på hur dynamisk (eller förändrad) marknaden är. Om förändringsnivån är mycket hög behöver ni fler självständiga initiativ för att kunna hantera oförutsedda möjligheter. Om förändringsnivån är mycket låg eller om du har en dominerande ställning kan du behöva färre autonoma initiativ.

Du kommer också att överväga nivån på den validering som görs av en autonom möjlighet och den andel av dina kassareserver som den autonoma möjligheten kommer att kräva i investeringar. Om du inte har gjort din hemläxa och du inte har tillräckligt med kontanter för att täcka den fullständiga förlusten av din investering är det en desperat satsning. Om du har gjort din hemläxa och fortfarande inte har tillräckligt med medel kan du välja att satsa på företaget.

Det är generellt sett klokt att tala om att satsa på företaget först när det är lyckat, men det är inte särskilt smart att satsa på företaget överhuvudtaget.

Steve Ballmer, före detta VD för Microsoft, hävdade att Windows 8 var en "satsning på företaget", men han hade fortfarande tillräckliga kassareserver för att göra det till en mer säker satsning.

BlackBerrys före detta vd Thorsten Heins hävdade också att telefonerna från 2013 var försök att satsa på företaget - och det verkade vara sant, för när satsningen misslyckades tog företaget slut på pengar. Om han inte tillräckligt validerade satsningen var det kanske till och med en desperat satsning. Han verkade satsa hela företaget på en föraning.

Du behöver tid för att ändra dig. Om du satsar för mycket pengar minskar du den tid du har på dig för att få din strategi att fungera. Om du slösar för mycket tid kan du minska de kontanter - och andra resurser - som finns tillgängliga för att göra din strategi möjlig.

Steve Jobs, Apples vd, hävdade att han väntade på "nästa stora grej" och att han därför kunde ta vara på den möjlighet som iPod och iPhone erbjöd.

Denna strategi att vänta med att satsa gjorde det möjligt för honom att förbereda sig för att satsa - både genom att bekräfta möjligheter och genom att förbereda de färdigheter som krävs för att ta tillvara på dessa möjligheter när de slutligen kom.

Argyris' inlärning med dubbla och enkla slingor

Strategi innebär att gissa sig till framtiden och sedan agera utifrån dessa gissningar. Du vet inte vad som kommer att hända, men du planerar och försöker genomföra dina planer. Helst försöker man lära sig av sina misstag (och framgångar) på en djupare nivå som påverkar framtida åtgärder.

Argyris modell för inlärning med dubbla och enkla slingor

Källa: Anpassat från Argyris, C., "The executive mind and double-loop learning", Organizational

Dynamics, 11(2), 5-22, Elsevier Ltd, 1982.

Hur man använder

Strategiska planer kan leda till lärande. Varje gång något fungerar eller inte fungerar kan man lära sig en läxa. Frågan är om lärandet stannar på den operativa nivån där åtgärder vidtas eller om lärandet kan ge lärdomar för hela organisationen. I synnerhet är det till hjälp om de styrande värderingarna och det strategiska tänkandet i företaget blir smartare.

Tänk på det senaste året. Fundera över hur strategin fungerade och hur den inte fungerade. Sök efter djupare lärdomar som kan hjälpa strategin att ge bättre resultat nästa gång. Prata med personer på lednings- och verksamhetsnivå för att se vad som verkligen hände. Ofta lär man sig saker i första ledet som aldrig når upp till ledningsgrupperna.

Se till att din strategiprocess tar hänsyn till lärdomar under och i slutet av varje år. Fanns det några problem? Ändrades strategin så att företaget kunde uppnå sina ekonomiska resultat? Blev strategin ignorerad, vilket ledde till högre (eller lägre) resultat? Finns det motsägelser mellan den logik som användes för att sätta ihop strategin och den logik som leder till resultat? Syftet är att koppla samman strategi och handling och de lärdomar som följer av båda.

VD:n för Target, USA:s näst största lågprisvaruhus, meddelade sitt beslut att expandera till Kanada under 2010. Företaget köpte den misslyckade diskonteringsbutiken Zellers och öppnade 2013 ombyggda Target-butiker på 133 orter. Två år senare fick den gamla vd:n sparken och den nya vd:n stängde hela det kanadensiska dotterbolaget med 17 000 förlorade arbetstillfällen som följd.

Vissa kanadensiska konkurrenter vidtog åtgärder för att ändra vissa av sina styrande värderingar för att matcha Target's strategi för produkter och priser med toppmärken till låga priser. Denna dubbla inlärning skedde redan innan Target öppnade, eftersom konkurrenterna visste att de skulle komma flera år innan de kom.

Samtidigt inledde Walmart Canada ett priskrig och höll sig till åtgärder som låg nära dess starka sidor och som var obehagliga för Target. Andra rivaler lade in produkter som motsvarade smak och efterfrågan med hjälp av kunskaper som Target Canada ännu inte hade fått.

Target Canada lanserade för stort och för snabbt, vilket ledde till att man lärde sig för lite och för långsamt. Företaget hade inte tid att anpassa sina styrande värderingar till Kanadas krav. Man tog sig inte tid att utnyttja sina styrkor - hyllorna lämnades tomma på de produkter som annonserades ut. Den verkade förneka behovet av en fullt fungerande webbplats för e-handel.

Och trots att de anställda - och kunderna - visste allt detta verkade ledarna inte kunna lära sig tillräckligt snabbt. Man lärde sig inte tillräckligt snabbt av fel i genomförandet. De lärde sig inte tillräckligt djupt av missförhållanden mellan strategi och handling.

Resultatet blev att den nya vd:n efter förluster på över 2 miljarder dollar stängde 133 butiker och lämnade Kanada för att fokusera på USA:s 50 delstater.

Mintzbergs avsiktliga och framväxande strategi

Alla strategier kommer inte att förverkligas. Det är inte alla förverkligade strategier som kommer från avsiktliga strategier. Det är så här strategi verkligen uppstår. Det är en blandning av det som planeras och det som görs som inte ingår i planen. Att förstå detta hjälper dig att bli en bättre strateg.

Mintzbergs avsiktliga och framväxande modell

Källa: Anpassat från Mintzberg, H., Strategy Safari, Pearson Education, 2009. Med ytterligare tillstånd från Henry Mintzberg Ltd.

Hur man använder

Det är bra att förstå skillnaderna mellan att planera något avsiktligt och vad som faktiskt händer. Denna förståelse befriar dig från en överdriven tilltro till planering och förbättrar ditt strategiska tänkande.

Tänk först på vad företaget har försökt åstadkomma under de senaste åren - eller längre om du kan hitta informationen. Titta på tidigare årsredovisningar. Prata med personer som har funnits med ett tag. Vilka delar av strategin har visat sig fungera som planerat? Vilka delar har uppstått på grund av anställdas handlingar eller reaktioner på konkurrenter?

Utvidga diskussionen till ditt team. Leta efter mönster över tid. Försök att hitta igenkännbara faser eller stadier i företagets historia. När växte ni? När var ni på en platå? När gick ni in på nya marknader eller i nya länder?

Tänk på varifrån idéerna kom som hjälpte företaget att växa. Var det några olyckor på vägen? Spelade turen en roll? Fanns det oförutsedda möjligheter som hjälpte er att växa?

Ta Chipotle Mexican Grill som exempel. Grundaren Steve Ells hade för avsikt att samla in pengar till en fin restaurang genom att driva en tillfällig takeaway. Den avsiktliga strategin att sälja 100 burritos per dag på ett universitetsområde blev mycket mer framgångsrik än planerat. Det såldes 1 000 burritos per dag under den första månaden.

VD:n lade den orealiserade strategin med finrestauranger åt sidan och bestämde sig för att ta vara på de mer spännande möjligheterna i den framväxande strategin - det som kom att kallas snabbmat. Han hade nästan snubblat över en kombination av finrestaurangens känslighet, enkelheten hos gatuköket och effektiviteten hos löpande bandet.

Chipotle har nu 1 700 restauranger, men har fortfarande bara fyra rätter på menyn, inga frysar, mikrovågsugnar eller ens burköppnare. Ingredienserna levereras färska och tillagas på plats. Företaget har framgångsrikt utvecklat framväxande strategier, dvs. sådant som fungerar, till avsedda strategier, dvs. sådant som man försöker göra formellt i varje ny butik.

Det bör noteras att framväxande strategier - detta handlingsmönster över tid - kan leda till såväl misslyckanden som framgångar. Dåliga vanor är en dålig strategi, men de kan ändå vara strategiska i sin skadliga inverkan. För Chipotle har en rad utbrott av matförgiftning gjort människor sjuka, skadat varumärket och tvingat vd:n att offentligt be om ursäkt.

Johnsons modell för vita ytor

Det finns idéer som du kommer att skapa under strategiprocessen som inte leder till handling. Ibland beror det på att idén inte passar organisationen. Andra gånger beror det på att idén inte passar bra för dina befintliga kunder. Är dessa idéer bortkastade?

Johnsons modell för vita ytor

Källa: Anpassad från Johnson, M. W., Seizing the White Space: Business model innovation for growth and renewal, Harvard Business School Publishing, 2010.

Hur man använder

När du har skapat nya idéer eller möjligheter ska du fundera på hur de kan användas. Är de en del av din kärnverksamhet och passar de väl in i det som din organisation redan kan göra och det som dina traditionella kunder köper? Eller är de närliggande till din kärnverksamhet, med en bra anpassning till vad din organisation redan kan göra, men kräver nya kunder eller betydande förändringar av hur du marknadsför dig mot befintliga kunder?

Om de inte passar in i din organisation, vad ska du då göra med möjligheterna? Du kan förstås glömma dem, men då kanske du slösar bort riktigt värdefulla idéer. Du kan också lämna dörren öppen för konkurrenter som kan komma efter dina befintliga kunder.

Fundera på hur du kan skydda dig mot andra som kommer på samma idé. Du kan utveckla nya möjligheter eller skydda idén. Om idén inte kan användas av dig, fundera på hur du kan sälja den immateriella egendomen nu eller i framtiden.

Nintendo vägrade att ge sig in på den växande marknaden för spel för smarttelefoner trots påtryckningar om att göra det. För det första för att det skulle vara en dålig organisatorisk anpassning - eftersom företaget inte hade någon erfarenhet på detta område. Och för det andra för att det skulle kunna kannibalisera den befintliga försäljningen av handhållna datorer eller göra befintliga kunder besvikna. I bästa fall var det ett riskabelt vitt utrymme.

Bakom kulisserna har DeNA, en av Japans största tillverkare av spel för smartphones, ägnat flera år åt att övertyga Nintendo om att de kunde samarbeta med dem. Tillsammans skulle de kunna erbjuda en bra organisatorisk anpassning till den nya marknaden - och spel som var attraktiva för nya och befintliga kunder. Tillsammans kunde de växa.

Idén gick från att vara ett måste att undvika till att bli ett måste att prova. Och

Nintendos vd meddelade nyligen att Nintendos favoriter som Mario, Zelda och Donkey Kong kommer att dyka upp på smartphones och surfplattor. Denna kreativa nya strategi är möjlig eftersom man nu kan se hur man ska få det att fungera både som en närliggande och en kärnverksamhet.

År 2019 hade Nintendos intäkter från mobila enheter överstigit 300 miljoner dollar per år från titlar som Super Mario Run och Fire Emblem.

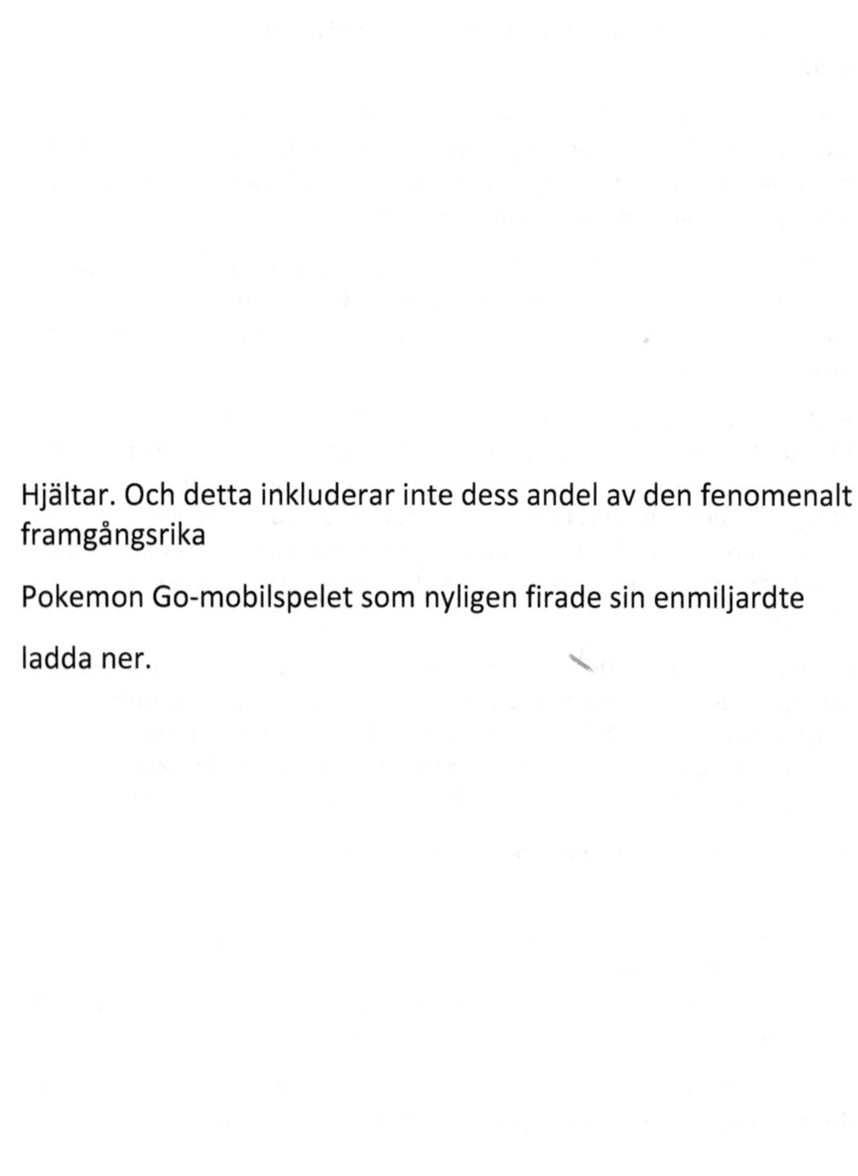

Hjältar. Och detta inkluderar inte dess andel av den fenomenalt framgångsrika

Pokemon Go-mobilspelet som nyligen firade sin enmiljardte

ladda ner.

Prahalad och Harts pyramidbotten

Det är lätt att tro att de enda intressanta marknaderna är de som har mest pengar. Många företag gör det misstaget. De går allt högre upp och letar efter kunder med det berömda "höga nettoförmögenheten" och ignorerar mycket större totala möjligheter.

Prahalad och Harts modell för pyramidens botten.

Källa: Anpassat från Prahalad, C. K., The Fortune at the Bottom of the Pyramid, Pearson Education Ltd, 2010.

Hur man använder

Tanken här är att den nedre delen av den globala pyramiden är en mycket mer attraktiv marknad än vad den först verkar vara. Det finns ungefär 4 miljarder människor som tjänar mindre än 2 dollar om dagen och denna marknad har ett betydande värde. I stället för att betrakta pyramidens botten som ett problem eller som mottagare av välgörenhet erbjuder de värdefulla ekonomiska möjligheter för företag och entreprenörer.

Enligt modellen är de som befinner sig längst ner i pyramiden (de relativt fattiga) varumärkesmedvetna, uppkopplade via mobilteknik och mycket öppna för innovation. De varumärken som etablerar sig nu kommer att fortsätta att växa i takt med tillväxten i pyramidens botten - som är mycket större än tillväxten i pyramidens topp.

Tillväxtstrategin bör beakta utvecklingen av marknaderna i botten av pyramiden. I denna utveckling ingår innovation så att kombinationen av prestanda och pris förbättras radikalt, att utbilda kunderna om produktens fördelar och att göra tekniken så enkel, kraftfull och motståndskraftig som möjligt. Det ger också möjligheter att utveckla produkter som kan vara mycket bättre än befintliga produkter som säljs till toppen av pyramiden.

Det har kritiserats att framgångshistorier i botten av pyramiden tenderar att äga rum högre upp i pyramiden - men detta skulle ändå innebära att marknader utvecklas i utvecklingsekonomier.

Den ideala kombinationen innebär ofta att produktionen lokaliseras för att hålla priserna rimliga, samtidigt som den anpassas till lokala smaker och användningsmönster. Några av exemplen handlar om västerländska varumärken som försöker anpassa sig till kunder med lägre inkomster. Några av exemplen handlar om varumärken som har blivit betydelsefulla genom att tillgodose behoven hos grupper med lägre köpkraft, vilket i västvärlden skulle kunna ses som en grupp med lägre köpkraft.

Kina riktade in sig på infrastrukturprojekt som ligger i botten av pyramiden och som blir attraktiva när de ger fördelar för tusentals eller miljontals användare. På samma sätt övergick Afrika, som är den kontinent som endast använder mobiltelefoner, direkt till mobiltelefoner utan att passera via fasta nät. Samsung och Huawei säljer smartphones för 20 dollar för att vinna på utvecklingsmarknader som nu har mer än dubbelt så hög tillväxt som resten av världen.

Staceys strategi från komplexitet

Du vill ha fördelarna med komplexitet för att skapa idéer och kunskap, men du vill vanligtvis inte hamna i fullständigt kaos. Och du vill ha enkelhet för att få ut det mesta av den strategi du har upptäckt, men inte så mycket att det aldrig finns något nytt.

Staceys strategi från komplexitet

Källa: Stacey, R. C., Strategic Management and Organisational Dynamics: the challenge of complexity to ways of thinking about organisations, Pearson Education, 2010.

Hur man använder

Tanken här är att förstå att strategi skapas (och används) i ett sammanhang. Situationen utanför företaget har olika nivåer av osäkerhet eller säkerhet. Situationen inom företaget har olika nivåer av överenskommelse och oenighet om vad som ska göras härnäst. Blandningen av säkerhets- och överenskommelsenivåer ger dig ett sammanhang för strategi och beslutsfattande.

Om du står inför en hög grad av osäkerhet och oenighet om vad du ska göra åt saken kan du vara på gränsen till kaos. Det kan tillkomma att människor förnekar vad som händer (eller inte händer). På något sätt måste du minska antingen osäkerheten eller oenigheten till nivåer där människor kan reagera kreativt på extern osäkerhet.

Om det finns för mycket enighet riskerar du att gå sömngångare in i problem eftersom din grupp (team, företag eller nation) inte kan se alternativ. Om det finns en mycket stor säkerhet på marknaden kan det göra strategin enkel (men exceptionella vinster svåra) om du följer mängden. Eller så kan du använda självbelåtenhet på marknaden för att skapa nya marknader och nya regler.

Fram till nyligen har olika konkurrenter inom den schweiziska klockindustrin förklarat att de är helt överens om att smarta klockor inte utgör något hot mot dem. Det som lockar ledarna är att besluten verkar enkla. Ju osäkrare miljön är, desto mer frestande kan det vara att komma överens med varandra om att allt är under kontroll.

Tidigare försvann hundratals schweiziska klocktillverkare eftersom de trodde att kvartsur inte utgjorde något hot. När skadan var skedd övergick de till en mer komplicerad - och realistisk - världsbild. De lanserade Swatch, som blev världens nummer ett. Andra etablerade lyxmärken som tog 50 procent av de globala klockvinsterna medan de bara producerade 2 procent av världens klockor.

Lyxvarumärkenas ekonomiska framgångar drog till sig Apples uppmärksamhet - ivriga att hitta en ny produkt med hög marginal. En sådan attack skulle kunna ha drivit schweiziska klockföretag tillbaka till förnekelse eller anarki. För att undvika detta och för att hantera den komplexa zonen har Tag Heuer samarbetat med Google och andra som kan bidra med högteknologisk expertis.

Hart's ram för hållbarhetsvärden

Om du bryr dig om din värld, kanske du också bryr dig om att skapa en hållbar framtid. Om de resurser som din strategi behöver inte längre finns tillgängliga är din strategi inte heller hållbar. Båda dessa skäl bör vara tillräckliga för att du ska överväga hållbarheten i din strategi.

Harts ramverk för hållbarhet

Källa: Anpassat från Hart, S. L., "Creating Sustainable Value", www.stuartlhart.com.

Hur man använder

Börja med att bättre förstå hållbarheten i din befintliga strategi. Du kan titta på de interna drivkrafterna - och tillståndet - i din organisation. Sedan kan du titta på de externa drivkrafterna - och situationen - utanför din organisation. Tänk på vad som händer i dag - och vad som sannolikt kommer att hända i morgon om utvecklingen fortsätter.

Istället för att betrakta hållbarhet som en fråga om kostsam etik eller kostsamma regleringar bör du överväga de strategiska fördelarna och möjligheterna nu och i framtiden. Vilken inverkan har du på den yttre världen? Vilken inverkan har den yttre världen på dig - och din önskvärda framtid? Strategi kan inte skiljas från dess ömsesidiga beroende av det mänskliga samhället och miljön. Därför är det rimligt att ta reda på hur man kan få dem att fungera väl tillsammans.

Den ytligaste strategin är förmodligen den som handlar om produktförvaltning - där strategin handlar om image och motiveras av att se bra ut här och nu. Eller så använder ni effektivare teknik för att minska kostnaderna - och förebygga föroreningar.

På en djupare nivå kan du fokusera strategiskt på att utveckla tillvägagångssätt för ren teknik som kan skapa nya fördelar och ge dig en bättre position genom innovation. Eller så kan du gå mycket, mycket längre och leverera en hållbarhetsvision med stora visioner - förändra någon del av systemet i stort för att verkligen hjälpa världen.

Du kan börja med att försöka se bra ut - som att erbjuda att plantera träd för varje flygresa som köps, vilket Delta Airlines gjorde. Var dock försiktig, för det finns en risk att du gör de externa grupper som du vill imponera på besvikna - eller förbannade - på dig. Det är ofta smartare att kombinera ansträngningarna för att införa effektiv teknik, vilket ger er både interna kostnadsbesparingar och något mer väsentligt som hjälper ert rykte.

Som en ambitiös, världsvänlig strateg kan du också arbeta för större möjligheter för dig och din planet. Du kan antingen utveckla renare teknik eller tillvägagångssätt - som Toyota gjorde med bränsleceller - för att ge dig en innovationsbaserad fördel. Eller, som med Teslas arbete med ett komplett nätverk för förnybar energi, försöka att helt och hållet tänka om, och göra om någon del av den mänskliga världen så att den blir hållbar - eller åtminstone betydligt mindre skadlig.

Strategins hus

Vissa människor motiveras av en vision av den framtid de försöker bygga upp. Andra är mer intresserade av det uppdrag som de försöker utföra varje dag. Andra inspireras av de värderingar som de lever efter - eller de mål som de eftersträvar - när de utför sitt arbete. Ingen av dessa är nödvändigtvis en strategi, men de kan alla vara till hjälp.

Strategins hus

Hur man använder

Ta reda på om ditt företag redan har publicerat en officiell ifylld version av strategihuset. De finns ofta på företagets webbplats - BMW har en sådan och Coca-Cola också. Om det inte finns någon sådan, försök att fylla i en tom version med eventuella befintliga uttalanden om vision, uppdrag, värderingar och mål. Samla allt på ett och samma ställe.

Börja tänka på varje komponent. Beskriver visionen tydligt en önskvärd framtid? Hur väl hjälper uppdraget människor att veta vad de försöker uppnå dagligen? Hur väl flyter de framhävda målen från uppdraget och visionen? Är värderingarna så allmänna att de är värdelösa - eller kommer de att uppmuntra ett specifikt arbetssätt som ger ett värdefullt bidrag? Anteckna dina första tankar och lyft fram styrkor, svagheter, hot och möjligheter. Vad fungerar? Vad fungerar inte?

Sätt upp din sida på en vägg. Dela ut kopior till dina kollegor. Använd den på ett gruppmöte. Hur har den anknytning till ditt dagliga arbete? Hur kan den vägleda dina ansträngningar att bidra med nya idéer? Vilka delar kan delas med kunder och partner? Om människor utanför företaget vet vad ni försöker uppnå, hur kan detta leda till framgång?

Vissa lägger till så många extra lager att det blir svårt att läsa, svårt att förstå och omöjligt att komma ihåg. Som alla verktyg är den bara användbar om den hjälper dig att tänka och agera strategiskt. Det är bättre att ta bort allt som förvirrar snarare än bidrar - du behöver inte en formell vision eller ett uppdrag, mål och officiella värderingar.

Tesla, tillverkare av elbilar med mera, har ingen offentlig vision eller uppdragsbeskrivning. Dess "mål är att påskynda framväxten av hållbara transporter genom att så snart som möjligt lansera övertygande elbilar för massmarknaden". Detta är en tydlig avsiktsförklaring som har väglett företagets strategiska åtgärder under det senaste decenniet.

När BMW ändrade sin strategi - som är känd under akronymen Number ONE - utarbetade man ett strategihus som fortfarande används. Ledningsgruppen ville uppmuntra var och en av de 100 000 medarbetarna att på ett kreativt sätt bidra till att få strategin att fungera.

Företagets vision är att bli den främsta leverantören av premiumprodukter och tjänster för individuell rörlighet, i motsats till sin historiska roll som tillverkare. Dess uppdrag är att på bästa sätt utnyttja nya möjligheter och nya effektivitetsvinster för att garantera ett försprång gentemot sina konkurrenter och sin förmåga att hantera företagets framtid.

BMW:s mål är tillväxt, att forma framtiden, lönsamhet och tillgång till teknik och kunder. Vart och ett av dessa mål stöds i sin tur av 12 värderingar och vad BMW hoppas är en blandning av företagskultur och kapacitet som är väl anpassad till företagets uppdrag, vision och mål.

Innehåll

Greiner's tillväxt- (och kris-) modell

De Wit och Meyers strategiska spänningar

Cummings och Wilson: orientering och animering

Lewins analys av kraftfältet

Kotters åtta förändringsfaser

Kaplan och Nortons balanserade styrkort

Hrebiniaks modell för genomförande av strategier

Hammer och Champys omarbetning av affärsprocessen

Michaud och Thoenigs strategiska inriktning

Burgelmans och Groves modell för strategins satsning

Argyris dubbla och enkla inlärningsslingor

Mintzbergs avsiktliga och framväxande strategi

Johnsons modell för vita ytor

Prahalad och Harts pyramidbotten

Staceys strategi från komplexitet

Hart's ram för hållbarhetsvärden

Strategins hus

www.ingramcontent.com/pod-product-compliance
Lightning Source LLC
LaVergne TN
LVHW010549160826
845677LV00013B/3060

* 9 7 9 8 3 7 4 6 0 0 6 7 4 *